中国财政科学研究院智库丛书

政府和社会资本合作（PPP）立法基础理论研究

刘尚希　王朝才　主持

刘尚希　赵福军　蒋天文　陈少强　著

中国财经出版传媒集团

中国财政经济出版社

图书在版编目（CIP）数据

政府和社会资本合作（PPP）立法基础理论研究／刘尚希等著．--北京：中国财政经济出版社，2020.4
（中国财政科学研究院智库丛书）
ISBN 978－7－5095－8770－6

Ⅰ.①政… Ⅱ.①刘… Ⅲ.①政府投资－合作－社会资本－立法－研究－中国 Ⅳ.①D922.280.4

中国版本图书馆CIP数据核字（2019）第013930号

责任编辑：胡 博　　　　责任校对：张 凡
责任印制：刘春年

中国财政经济出版社 出版

URL： http：//www.cfeph.cn
E－mail：cfeph@cfemg.cn

社址：北京市海淀区阜成路甲28号 邮政编码：100142
营销中心电话：010－88191537
北京财经印刷厂印装 各地新华书店经销
787×1092毫米 16开 8.25印张 134 000字
2020年4月第1版 2020年4月北京第1次印刷
定价：40.00元
ISBN 978－7－5095－8770－6
（图书出现印装问题，本社负责调换）
本社质量投诉电话：010－88190744
打击盗版举报热线：010－88191661 QQ：2242791300

总　序

党的十八届三中全会在明确“完善和发展中国特色社会主义制度，推进国家治理体系和治理能力现代化”这一全面深化改革总目标的同时，提出了“财政是国家治理的基础和重要的支柱”的重要判断，充分彰显出财政在国家治理现代化之中的地位与作用。

强调发挥财政在国家治理中的基础和重要支柱作用，是与我国经济社会发展阶段相联系的。在改革开放初期，政府的作用是促进改革和开放，财政改革主要是推动政府职能转换、改进政府与市场关系，让市场在资源配置中发挥更大的作用。随着我国经济社会转型进入新的阶段、国家实力逐渐增强以及大国财政使命的提出，财政在改革和发展中的作用日趋多样化、全方位，涉及经济、政治、社会、文化、生态文明建设各个领域。

在市场经济不断发展的基础上，社会结构及其整个上层建筑都发生了极大变化，社会成员利益关系变得复杂起来。在经济进入新常态的背景下，这种复杂的利益关系对于财政在国家治理中作用的发挥是一个新的考验。改革开放初期，财政政策着眼于关注国内，对于国际环境关注不多，现在财政政策的一举一动都对世界经济产生重要影响；改革开放初期，财政主要解决温饱问题，经济建设成为财政工作的突出任务，现在财政既要解决发展问题，又要解决改革问题，经济、社会、政治、文化和生态文明要协同发展；改革开放初期，中央和地方财政实力虽然都较弱，但地方政府债务也少，现在国家财政实力快速扩张过程中也面临着地方政府债务特别是或有债务快速扩张的问题，财政自身可持续性发展面临挑战。

财政作为国家治理的基础正在发生多维变化。改革开放初期，财政主要从经济维度发挥国家治理基础性作用，主要是处理好政府与市场的关系；在经济社会转型、利益关系多元化背景下，财政要从多维度支撑国家治理：既有国家与市场的维度，也有国家与社会（个人）的维度，以及公共部门内部（包括中央与地方、政府部门之间）的维度。

随着财政发挥作用的多维变化，财政理念也随之发生变化。改革开放初期，政府在市场失灵的领域提供公共服务；随着时代的进步，政府承担的各种责任（城镇化、养老、医疗、教育、环境保护等）在不断增加，在政府能力有限的情况下，政府与社会资本合作呼之欲出。政府和社会资本合作打破了传统主流经济学、财政学的基本看法：政府与市场是水火不相容的，二者是对立的；公共服务领域是市场失灵的领域，只能由政府来干。过去注重政府与市场之间的分工，现阶段则注重在分工基础上的合作。政府与市场关系需要进行再改革，一些新的问题又随之产生：在多元主体提供公共服务的同时如何保障社会公共利益，如何理顺政府与社会的关系，如何理顺政府内部如中央和地方之间、政府各部门之间的关系等。财政全方位、深层次嵌入国家治理体系和治理能力现代化之中，带来了许多需要用全新理论诠释的问题，也考验着各方面的智慧。

面对新阶段、新形势和新任务，财政如何有效支撑和推动国家治理现代化更需要新思路、新思想，财政智库或财政思想库也应运而生。可以说，财政智库是财政有效支撑和推动国家治理现代化的思想源泉，也是点亮财政作用于国家治理的“智慧之灯”。发达国家在财政现代化和国家治理体系与治理能力现代化过程中，财政智库的作用功不可没。要发挥好财政作为国家治理基础与重要支柱的职能作用，财政智库的基础性作用更是不可替代。

第一，财政智库是推进国家治理决策的科学化、民主化和法制化的重要支撑。当前，全面建成小康社会进入决定性阶段，破解财政改革发展稳定难题和应对全球性问题的复杂性艰巨性前所未有，迫切需要健全中国特色的财政决策支撑体系，大力加强财政智库建设，以财政科学咨询支撑财政治理的科学决策、民主决策和依法决策，以财政科学决策引领科学发展。

第二，财政智库是国家治理体系和治理能力现代化的重要内容。纵观当今世界各国现代化发展历程，智库在国家治理中发挥着越来越重要的作用，日益成为国家治理体系中不可或缺的组成部分，是国家治理能力的重要体现。全面深化改革，推进国家治理体系和治理能力现代化，推动协商民主广泛多层制度化发展，建立更加成熟更加定型的制度体系，必须切实加强中国特色新型财政智库建设，充分发挥智库在治国理政中的重要作用。

第三，中国特色新型财政智库是国家软实力的重要组成部分。一个大国的发展进程，既是经济等硬实力提高的进程，也是思想文化等软实力提高的进程。智库是国家软实力的重要载体，越来越成为国际竞争力的重要因素，在对外交往中发挥着不可替代的作用。树立社会主义中国的良好形象，推动中华文化和当代中国价值观念走向世界，在国际舞台上发出中国声音，迫切需要发挥中国特色财政新型智库在公共外交中的重要作用，不断增强我国在国际财经和公共事务的国际影响力和国际话语权。

正是考虑到智力资源是一个国家、一个民族最宝贵的资源，考虑到我国智库发展面临的各种瓶颈，2015 年 1 月，中共中央办公厅、国务院办公厅印发了《关于加强中国特色新型智库建设的意见》，提出加强智库建设整体规划和科学布局，统筹整合现有智库优质资源，重点建设 50～100 个国家急需、特色鲜明、制度创新、引领发展的专业化高端智库。

中国财政科学研究院的前身财政部财政科学研究所（财科所），于 1956 年根据毛泽东主席的指示而成立，2016 年 2 月正式更名。60 年前财科所成立之初，就定位为政府部门的政策咨询机构，以探索我国财政经济问题和培养财政、会计专门人才为己任，为党中央和国务院中心工作服务，为财政经济发展的现实服务。为此，一代又一代财政科研人员为我国财政科研事业做出重要贡献。60 年后的今天，中国财政科学研究院正致力于转型、创新，努力创建一流新型智库。

根据智库建设与发展的规划，本院推出“中国财政科学研究院智库丛书”。该丛书内容既包括本院各年度重要《研究报告》的文集，也包括本院承担完成的一些重大科研项目成果，以及本院研究人员研究、撰写的各类专著。目的在于集中展示财科院的科研成就，扩大科研成果的宣传和社会效果，全面提升财科院的智库影响力。

不忘初心，砥砺前行。我们将明确智库建设的宗旨，在传承既有科研优势和办院特色的基础上，探寻新型高端智库建设的途径，潜心探索财政与国家治理的新理论、新观点、新思路、新对策，与各界同仁一道，共同致力于现代财政制度建设，开创国家治理现代化之美好未来。

“中国财政科学研究院智库丛书”编委会

2016年7月

目　　录

概　　述

已有研究成果对政府与市场关系的认识，基于“二分法”的界域思维，以市场失灵为界划分政府和市场作用范围和领域。实践表明，即使在公认的公共领域，也并非政府独占，社会主体也可以提供公共服务。以界域划分政府和市场作用范围和领域，不符合实践发展。为此，我们构建“利益—风险”法则，重新认识政府与市场关系，并以此为基础开展政府和社会资本合作（简称 PPP）理论研究。政府和社会资本合作不仅仅是为了提高公共服务效率和质量，还是公共服务提供、国家治理、资源配置的新模式。推广运用政府和社会资本合作提供公共服务，需要加快完善与之相适应的制度和法律。

一、以“利益—风险”为法则，重新认识政府与市场关系

从已有研究成果来看，对政府与市场关系的认识基本上都是“二分法”的思维。当市场失灵时，需要政府干预。市场失灵的领域，就是政府活动范围的领域。市场与政府之间分工泾渭分明，公共服务的提供只能是交给政府，忽视了市场、社会的功能作用。即便在公共服务领域引入市场竞争，仍是在政府主导公共服务提供的框架内，引入市场主体。以界域划分政府与市场活动范围，且将政府与市场活动范围对立起来，不符合实践发展。按公共服务（公共品）、私人产品划分政府和市场分工范围，提供公共服务是政府的责任，公共服务提供的规模和质量与居民需求之间永远是矛盾，政府提供公共服务的规模和质量难以满足居民需求。政府与市场关系“两分法”逻辑思维导致我国在市场化改革过程中，要么过度市场化，要么政府包揽，难以找到平衡点。诸如公共设施建设、教育、医疗服务，在商业性和公益性之间难以找到泾渭分明的边界。即

使在公认的公共领域，也并非政府独占，社会主体也可以提供公共服务。以“市场失灵”为界来划分政府与市场之间的分工，显然不符合实际需要，需要重新反思现代财政学理论的逻辑起点。

经典的财政学教材以市场失灵为出发点，分析政府介入经济的必要。表面上看，市场失灵表现为市场不能起作用。如果深究市场失灵的影响，无论是哪种形式的市场失灵，都表现为公共风险形成过程。

在实践中，根据市场失灵来划分政府与市场之间的分工，越来越难以适应实践需要。比如：并不是所有的外部性、信息不对称等都需要政府解决；政府和市场合作的发展表明，市场也可以提供公共服务；等等。而且，按照市场失灵来划分政府与市场之间的分工，要么是政府“缺位”，要么是政府“越位”，政府很难找到合适的位置。基于前述的分析，市场失灵会引发公共风险。因此，从政府、市场两大主体行为出发，以“利益—风险”作为处理政府与市场之间关系的法则。

风险需要政府、市场共同应对，但政府、市场应对有侧重。对于只影响个体的私人（个体）风险，因没有传递性，以市场化解和防范为主。对于会影响众多个体的公共风险，应以政府化解和防范为主。但是，对于有些私人（个体）风险，也需要政府应对。比如：有些私人（个体）风险虽然目前影响小，但“星星之火，可以燎原”，容易传递到其他众多主体；有些私人（个体）风险虽然发生的概率低，但一旦发生，所产生的负面影响巨大。诸如此类的私人风险，也是政府、财政作用范围。

虽然政府和市场应对风险各有所侧重，有所分工，但政府与市场合作是主要的形态。应该说，政府和市场在应对风险时，分工中有合作、合作中有分工。需要指出的是，政府与市场、社会的合作，不仅仅是公共服务领域，还包括私人领域，政府与市场、社会的合作经常是跨界的合作，政府与市场、社会的活动范围不再是泾渭分明。

政府和市场按照“利益—风险”法则决定是否选择合作。政府和市场合作应满足“联盟理性”条件和“个体理性条件”。简单而言，政府与市场合作比不合作好，它们就会有积极性进行合作。政府、市场都能从合作中获得利益、降低风险。

二、政府和社会资本合作是公共服务提供、资源配置和国家治理的新模式

基于以“利益—风险”法则重构政府与市场关系的认识，政府和社会资本合作不仅仅是为了提高公共服务效率和质量，还是公共服务提供、国家治理、资源配置的新模式，是除政府、市场之外的第三种模式。公共服务提供是政府、市场、社会主体的共同责任，决定了公共服务由政府、市场与社会合作提供并共治。运用政府和社会资本合作提供公共服务，提高了公共服务供给效率、质量，政府发挥的作用、运作模式和治理模式区别于政府主导提供公共服务模式。政府与市场合作提供公共服务，政府投入减少甚至不需要投入，公共服务运营、生产可以交给市场，政府的角色则定位于制定政策、规划和监管公共服务质量，核心作用是降低政府与市场、社会合作中的不确定性，重新分配风险。

三、共治作为政府和社会资本合作的治理模式

政府和社会资本合作提供公共服务，主要涉及政府、社会资本和居民三大主体。让政府和社会资本合作形成、维系，需要实施“共治、共享、共建”的治理模式，即政府、社会资本和居民共治，政府、社会资本和居民共享政社合作项目产生的收益，共建推进政社合作模式所需要的能力和制度、体制机制。

共治的核心是行为共治。政府既是政社合作项目的参与者、合作者，又是监督者、规划者，社会资本主要是政社合作项目的参与者、合作者，居民是政社合作项目的受益者、监督者。政府、社会资本和公众这三大主体都可能从政社合作项目中获得收益、支付成本、承担相应风险，但从政社合作项目中获得的收益、分摊的成本、承受的风险呈现不均衡性。地方政府、社会资本为了实现其目标，可能会出现事前和事中、事后道德风险行为，甚至会出现地方政府、社会资本、公众之间的合谋行为。因此，事前应防止社会资本低价竞争、围标，事中事后应防止政府、社会资本道德风险行为，防止政府与社会资本、居民的合谋行为，充分考虑地方政府、社会资本的对策行为。

共治的重点是风险共治。政府和社会资本合作（政社合作）改变了政府主导公共服务提供模式中的风险分配，由政府和社会资本共同承担风险。在政社合作模式中，社会资本参与建设、运营公共服务项目，并承担建设、运营中的风险。风险与不确定性是影响政府和社会资本合作形成、维系的关键，地方政府、社会资本都担心政社合作项目中的风险与不确定性。在政社合作模式中，还可能会存在政府、社会资本将风险转嫁和转移、隐藏的情况，累计起来可能放大风险。针对政社合作存在的各种各样的风险，需要建立合理的政府和社会资本合作风险分配，化解和防范合作中的风险。政府和社会资本合作风险，应由政府、社会资本和居民共治，与此同时，还应将风险由最能够承担风险者或最有责任能力者承担，收益较大者多承担风险，规避成本较小者规避风险，损失较大者多承担风险。还应重点防范、化解政府、社会资本和居民的行为风险。

在微观治理上，突出合同的约束作用。政府和社会资本合作通过合同规定双边权利与义务。政府和社会资本合作涉及的主体多，且合作合同有不完全性，合同时间跨度长。公共服务特性和信息不对称性、不完全性增加了合作合同的不完全性。政府和社会资本合作项目合同订立时，要清晰界定合同双方涉及的权利、义务，要考虑到能否执行、未来形势变化情况，兼顾合同的完备性与灵活性。合同履行时，要积极创造条件促使政府、社会资本自觉履行合同。一旦发生合同违约行为，要区分单一主体责任与共同责任，要突出违约中的过失责任。合同没有履行或不到位，对合同双方当事人和公共利益造成损失的，应分别对合同双方当事人和公共服务受益对象进行赔偿。在赔偿损失时，应由第三方机构客观公正认定损失。由于政社合作项目涉及公共利益，当政社合作项目合同出现违约时，主要采取“继续履约、补救”方式。

四、建立与政府和社会资本合作相适应的税收、融资、产权等理论体系

从政府主导公共服务提供模式向运用政府和社会资本合作提供公共服务转型，既是一项重大改革，又是公共服务提供的一项重大制度变迁。推广运用政府和社会资本合作提供公共服务，需要加快完善与之相适应的制度和法律，包括法律、税收、产权、融资、监管等。

总地来说，我国对政府和社会资本合作（PPP）出台并不断完善相关的税收

优惠政策，但没有针对 PPP 发展出台专门的税收优惠政策，现行相关的税收优惠政策都是分散在各具体税种相关政策法规之中，且与政府主导公共服务提供模式相适应。今后，PPP 是公共服务提供的新常态，需要加快建立、完善与之相适应的税收优惠政策。

在建立和完善税收优惠政策时，需要以政府和社会资本合作提供公共服务为常态作为出发点，而不是针对政府、事业单位作为提供主体实施优惠政策。

政府和社会资本合作融资项目所需要的资金规模大，且资金投入集中在项目建设阶段，项目时间长，面临的风险较大，投资回报率不高，融资贵与融资难问题凸显。加快发展 PPP 项目资产证券化，加快发展 PPP 项目股权交易市场，做好 PPP 项目的策划和规划，为 PPP 项目创造良好的盈利模式和 PPP 融资模式创新创造条件。

产权是一组权益组合，包括进入权、退出权、交易权、收益权、经营权、使用权等。只要涉及不同的主体，就会涉及产权问题。从政府主导公共服务提供模式，向运用政府和社会资本合作（简称政社合作，即 PPP）提供公共服务模式转型，不仅会增加社会资本等相关主体，也涉及公共服务经营权等相关问题，政府和社会资本合作产权问题已凸显。加快推进运用政府和社会资本合作方式提供公共服务，应加快完善、改革与之相适应的产权制度，明确各主体产权，形成预期。一方面，居民自愿提供公共服务、政府提供基本公共服务、运用政府和社会资本合作方式提供公共服务三种形式共存，充分发挥各自作用。另一方面，谨防股权协议控制偏离运用政府和社会资本合作方式提供公共服务的目标；鼓励人力资本、技术等参与合作，促进公共服务供给质量提高；明确土地性质变更中的增值收益划分，加快政府和社会资本合作推进。应完善赋予居民自由选择权、公共服务的受益权和监督权，加快完善社会资本自由进入退出权和受益权、经营权等，完善政府的管理权、监督权、回购权、收益权等。

五、政府和社会资本合作未来发展趋势和发展方向

预计今后未来一段时间，尽管 PPP 模式是公共服务提供的常态，但 PPP 提供模式与政府主导公共服务提供模式将并存，可能会出现一些情形：一是部分地方政府采取运用 PPP 模式主导公共服务提供，而部分地方政府仍采用政府主导公共服务提供模式。二是在一个地方，部分行业运用 PPP 模式主导公共服务

提供，而部分行业仍采用政府主导公共服务提供模式。三是从政府主导公共服务提供模式向 PPP 模式过渡过程中，因政策、制度不完善，PPP 项目推进可能面临反复，一些示范的 PPP 项目可能因短期的操作不方便、流程长而退出运用 PPP 模式。在 PPP 模式没有完全成熟的情况下，政府主导公共服务提供模式与 PPP 模式并存。即便在 PPP 模式成熟的情况下，也是政府主导公共服务提供模式与 PPP 模式并存。

未来政府和社会资本合作发展方向就是发展综合性政府和社会资本合作项目。单一 PPP 项目是指，运用 PPP 模式提供一项基础设施和公共服务。总地来看，目前，我国推进的 PPP 项目主要是单一的 PPP 项目。随着我国城镇基础设施建设、运营进展到一定阶段，依靠使用者付费、政府付费的单一 PPP 项目，既没有充分发挥社会资本创造盈利模式的能力，又不利于 PPP 项目落地。今后，顺应未来经济、社会发展需要，加快 PPP 项目落地，应加强 PPP 发展模式创新，其中 PPP 模式创新重点在于大力发展综合性 PPP 项目。

六、对政府和社会资本合作立法的建议

根据对政府和社会资本合作相关理论的研究，对政府和社会资本合作立法建议如下。

（一）立法的必要性

政府主导公共服务提供，建立起与之相适应的法律制度。由于政府和社会资本合作提供公共服务，区别于政府主导公共服务提供模式。我国推进 PPP 模式以来，出台相关制度、法规和文件。目前，这些涉及 PPP 的相关法律法规主要分散在相关法律和一些部门规章之中，这些法律法规缺乏足够的法律权威和效力，并且在法律衔接与配套等方面需要加强。与国外 PPP 发展较为成熟的国家相比，我国没有专门的 PPP 法律。为加快推进 PPP 实践发展，需要尽快出台专门的 PPP 法律。

（二）立法定位

PPP 立法应统筹兼顾社会资本、政府与公众利益，既要防止一味为了公共利益而忽视社会资本的利益，又要防止为过分注重社会资本利益而影响公共利益。

如果一味为了公共利益而忽视社会资本的利益，社会资本就不会有积极性参与PPP项目，政府和社会资本合作难以形成；如果过分注重社会资本利益而影响公共利益，就违背了政府和社会资本合作提供公共服务是更好地实现公共利益这一目标。因此，PPP立法应统筹兼顾社会资本、政府与公众利益。

（三）立法立足于政府和社会资本合作形成、维系

政府和社会资本合作立法，从政府、社会资本参与合作、维系合作的条件出发。由于公共服务主要侧重服务的运营，提高公共服务质量需要投入较多的劳动力、人力资本、技术；因此，政府和社会资本合作立法时，不仅积极推广政府和社会资本合作，还应积极鼓励以技术、人力资本等多种形式参与合作提供公共服务。土地使用权、运营技术、人力资本等参与合作时，事先需要经过评估作价。

为充分发挥社会资本的积极性，应允许社会资本从政社合作项目获得超额收益，比如建立浮动收益制度，实施跨期平衡策略，其他项目优先支持或优先合作，等等。积极支持社会资本探索第三方付费模式。

（四）立法的核心就是化解和防范政府、社会资本的行为风险

政社合作项目中的自然风险、市场风险和项目风险是客观存在的，而政府、社会资本和居民等主体的行为风险是主观的。政社合作合同有不完全性，由多个合同组成，合同时间跨度长，涉及的主体多，合同提供的是公共服务，扩大了合同的不完全性。事前、事中和事后都存在信息不对称与不完全，容易引发政府、社会资本的对策博弈行为，因此，政社合作立法要重点防范政府、社会资本的行为风险。

防范事前的社会资本低价竞争、围标行为。立法规定不能低于正常价格竞标政社合作项目；在全国范围内招标政社合作项目，防止社会资本进行围标。如果社会资本以低于正常价格竞标政社合作项目，必须由社会资本清楚阐述其商业模式，且要缴纳投资额一定比例的保证金，以缴纳的保证金约束社会资本事后要求调整相关条件。

防范政府、社会资本事中、事后的道德风险。政府、社会对社会资本加强监督，促使社会资本及时调整行为。对政府行为加强法律约束，加快推进政府行为法治化。如果社会资本与政府在政社合作项目中发生争议，难以通过协商方式解决，应立法明确司法救济途径。如果经济社会形势发生重要变化，需要

增加同类公共服务，应优先考虑现有参与方，参与投资、建设、运营拥有优先权。

防范政府与社会资本、居民的合谋行为。立法规定政府与社会资本签订政社合作合同中的核心条款（价格、公共服务质量与数量、付费等），不得随意进行修改和调整。调整公共服务价格，要充分论证，广泛征求意见。调价既要充分考虑成本上涨，又要防止地方政府与社会资本调价后的合谋行为。为防止居民与地方政府、社会资本的合谋，应扩大对政社合作项目的绩效考核范围，让更多的居民参与对政社合作项目的评价；可以由独立的第三方对政社合作项目绩效进行评价。

立法应充分考虑地方政府、社会资本的对策行为。由于地方政府、社会资本在政社合作项目中的行为空间较大，且较为复杂，政社合作立法应充分考虑地方政府、社会资本的对策行为，提高法律的可执行性。

（五）立法重点关注合同订立、履行、违约处理和合同解除

在政社合作合同订立上，合同涉及的权利、义务条款要清晰，合同订立要考虑到能否执行、时间和主体边界行为、未来形势变化情况，兼顾合同的完备性与灵活性。

在合同履行上，区分履行不能、履行迟延（不完全履行）、履行拒绝情形，合理划分违约责任，突出违约中的过失责任。对违约造成的损失，应设计赔偿条款；合同没有履行或不到位，对合同双方当事人和公共利益造成损失的，应分别对合同双方当事人和公共服务受益对象进行赔偿。在赔偿损失时，应由第三方机构客观公正认定损失。运用最优违约金，激励政府、社会资本双方积极履行合同。当合同约定不完备时，引导过多的不完备合同得到履行的违约赔偿，或引导不完备合同得到履行的足够高的赔偿，对于合同双方当事人来说通常是不可取的。

通常来说，违约责任主要有继续履行、采取补救措施、赔偿损失、定金责任、违约金责任。我们认为，“继续履约、补救”是政社合作项目合同应采取的主要方式。

在社会资本退出时，应明确运营收益、政社合作项目合同到期、股权变更、政府回购、上市交易、资产证券化等几种方式退出。由于政社合作项目涉及公共利益，所以对社会资本股权变更要给予一定的限制。

（六）立法明确风险评估作为贯穿政府和社会资本合作全生命周期

政府和社会资本合作中存在各种各样的风险和不确定性，甚至还存在地方政府、社会资本将风险和不确定向未来、向其他主体转嫁、转移的情况，因此，非常有必要将政府和社会资本合作风险评估纳入立法，将政府和社会资本合作风险评估贯穿政社合作项目全生命周期的每个阶段。不仅对政社合作项目防范各类风险进行评估，还对政社合作项目产生的各类公共风险情况进行评估。

（七）立法明确政府和社会资本合作相关产权

在宏观层面上，应完善和赋予居民自由选择权、公共服务的受益权和监督权，加快完善社会资本自由进入退出权和受益权、经营权等，完善政府的管理权、监督权、回购权、收益权等。在 PPP 项目微观层面上，允许社会资本退出 PPP 项目股权时，应区分类型；谨防股权协议控制偏离运用政府和社会资本合作方式提供公共服务的目标；明确土地性质变更中增值收益划分，加快运用政府和社会资本合作方式推进；加快推进综合性的政府和社会资本合作项目需要加快推进相关产权改革，包括混合所有制改革。

（八）立法明确地方政府可以自愿选择公共服务提供的方式

允许居民自愿提供公共服务、政府提供公共服务、运用政社合作方式提供公共服务三种形式共存，充分发挥这三种方式各自优势，形成互相促进、互为补充作用。居民自愿提供公共服务，可以提供居民满意的公共服务，灵活性较强；如果居民难以自愿提供，非要政府提供，政府也只能提供基本的公共服务。如果愿意享受较高质量的公共服务，可以通过付费的方式，加入“俱乐部”。政府提供基本的公共服务时，能运用 PPP 方式提供就用 PPP 方式提供，这样既可以充分发挥社会资本的作用，也可以促使政府主导公共服务提供质量的提高。

七、研究方法与创新之处、不足

本研究运用行为分析方法分析政府、社会资本的行为。在政府和社会资本合作中，主要涉及政府、社会资本、居民等主体。政府、社会资本是否有积极性参与 PPP 项目，是否会履行在 PPP 项目合同中的承诺等，都是政府、社会资本重要的行为。而且，政府和社会资本的行为是否规范，是影响 PPP 项目落地、政府和社会资本合作能否持续的一个重要因素。因此，对政府、社会资本、居民等主体的行为分析非常重要。在本研究中，运用非合作博弈、合作博弈理论对政府、社会资本、居民等主体的行为进行分析，分析政府、社会资本是否有合作提供公共服务的动力、事前行为和事后行为，等等。

本研究在对政府与市场之间关系重新认识的基础上，开展政府和社会资本合作基础理论研究。已有研究成果对政府与市场关系的认识，是基于“二分法”的界域思维，以市场失灵为界划分政府和市场作用范围和领域。我们认为，市场失灵就是风险形成过程，从政府、市场主体微观入手，构建“利益—风险”法则，重新认识政府与市场关系，提出：政府和市场分工、合作，是基于行为的分工、合作，而不是以界域来划分。政府与市场不仅仅在公共服务领域，还在私人领域进行分工合作。政府与市场合作经常是跨界的，政府与市场、社会的活动范围不再是泾渭分明。在重新认识政府和市场关系的基础上，对政府和社会资本合作开展相关理论探索。按照这样的思路开展研究，是不断探索、深化的过程，研究的不成熟、不完善肯定在所难免，也恳请读者批评指正。我们希望研究探索能引发思考，为政府和社会资本合作理论研究和财政学理论做点贡献。

第一章　对政府与市场关系的重新认识

政府和社会资本合作，背后就是政府与市场之间的关系问题。目前，关于政府和社会资本合作的相关理论，都是基于市场失灵需要政府干预（包括政府提供公共服务）的逻辑。当市场失灵时，政府进行干预和管理。政府干预和管理的过程，就是政府提供公共服务的过程。为了提高公共服务提供效率，引入社会主体参与。这种研究和分析都是基于市场与政府的分工，以市场失灵划分政府与市场分工的领域。这种界域划分的研究和认识，难以适应实践发展要求。因此，在研究政府和社会资本合作提供公共服务时，需要重新认识政府与市场之间的关系，构建相应的理论体系。

一、对政府与市场关系已有的认识："二分法"思维

从已有研究成果来看，对政府与市场关系的认识基本上都是"二分法"的思维，当市场失灵时，需要政府干预。市场失灵的领域，就是政府活动范围的领域。市场与政府之间分工泾渭分明，公共服务的提供只能是交给政府，忽视了市场、社会的功能作用。即便在公共服务领域引入市场竞争，仍是在政府主导公共服务提供的框架内，引入市场主体。

政府与市场关系的"二分法"思维存在以下不足：（1）以界域划分政府与市场活动范围，将政府与市场活动范围对立起来，不符合实践发展。（2）按公共服务（公共品）、私人产品划分政府和市场分工范围，提供公共服务是政府的责任，公共服务提供的规模和质量与居民需求之间永远是矛盾，政府提供公共服务的规模和质量难以满足居民需求。（3）计划经济时期，市场没有发育，市场主体不存在，谈不上政府与市场之间分工。（4）政府与市场关系"二分法"逻辑思维导致我国在市场化改革过程中，要么过度市场化，要么政府包揽，难

以找到平衡点。诸如公共设施建设、教育、医疗服务，在商业性和公益性之间难以找到泾渭分明的边界。即使在公认的公共领域，也并非政府独占，社会主体也可以提供公共服务。这种以“市场失灵”为界来划分政府与市场之间的分工，显然不符合实际需要，需要重新反思现代财政学理论的逻辑起点。

另外，经典的财政学理论都是在市场经济条件下探讨政府与市场之间分工，且较多地运用静态分析方法。即便在市场经济条件下，也有市场不存在的情况，市场失灵难以涵盖全部。经典的财政学理论除了在税收方面对企业、居民的行为有所分析之外，其他相关领域（比如财政支出、财政政策等）较少分析政府、市场、社会等主体的行为。而在政府和社会资本合作时，政府、社会资本是重要的行为主体，因此，研究政府和社会资本合作，需要分析这些主体博弈行为。

二、市场失灵表现为公共风险形成

经典的财政学教材以市场失灵为出发点，分析政府介入经济的必要。表面上看，市场失灵表现为市场不能起作用。如果深究市场失灵的影响，无论是哪种形式的市场失灵，都表现为公共风险形成过程。

公共品的非排他性、非竞争性，容易被经济主体“搭便车”，使得公共品提供不足或提供不出来。由于公共品是经济、社会等发展所需要的，一旦公共品（比如社会治安）提供不足或提供不出来，就会引发公共风险（刘尚希，2002）。

外部性有正外部性和负外部性。正外部性的表现就是，经济主体的行为所产生的收益外溢给其他主体，这经常会使得正外部性提供不足。负外部性的表现就是，经济主体的行为对其他主体带来不利的影响（比如增加成本等），这使得经济主体将一些成本转嫁给其他主体。通常来看，外部性与公共品紧密相联，某主体造成的外部性涉及人数如果相对较多，外部性则直接会演变为公共品。正外部性提供不足，经济、社会发展所需的缺乏，会引发公共风险；负外部性（比如污染）的存在，可能会导致风险累计，放大了风险。

垄断会使得当期生产者利润最大化，但会损害消费者福利。如果是对生活必需品进行垄断，必然会大幅增加消费者的支出，引发社会稳定风险。另外，对必需品长期垄断，大幅增加消费者支出后，必然会影响长期的消费需求，从而对经济可持续增长带来风险。

信息不对称会导致逆向选择和道德风险行为。事前信息不对称，会引发逆向选择，劣币驱逐良币；事后信息不对称，容易引发道德风险行为。逆向选择和道德风险都表现为行为风险，比如代理人为满足委托人的要求，事前造假。

收入分配不公、收入分配差距过大，不仅成为影响经济增长的风险因素，还会引发社会矛盾，有可能引发社会稳定风险。

正常的经济波动是正常现象。经济波动过大、经济过热或过冷，都是公共风险。比如经济过热时，大量资源被投入生产且形成专用的资产设备，一旦经济回落，就会形成产能过剩，大量资产设备闲置。与此同时，经济过热往往会伴随通货膨胀，会增加居民生活成本，引发社会稳定风险；经济过冷，企业开工不足，会影响就业，也会对社会稳定产生不利的影响。

三、以“利益—风险”法则重构政府与市场关系

在实践中，以市场失灵为依据划分政府与市场分工，越来越难适应实践需要，比如：并不是所有的外部性、信息不对称等都需要政府解决；政府和市场合作（PPP）的发展表明，市场也可以提供公共服务；等等。而且，按照市场失灵划分政府与市场之间的分工，要么是政府“缺位”，要么是政府“越位”，政府很难找到合适的位置。基于前述分析，市场失灵会引发公共风险。因此，本书提出从政府、市场两大主体行为出发，以“利益—风险”作为处理政府与市场关系的法则。

（一）风险需要政府、市场共同应对，但政府、市场应对有侧重

风险时刻存在，且会影响居民、企业和政府。对于私人（个体）风险，主要影响的是个体，但有时会传递给其他主体，形成公共风险。如果公共风险没有化解和防范，最终又会影响个体。因此，无论是私人（个体）风险，还是公共风险，都需要政府和市场共同应对。

政府和市场在应对风险的领域有所侧重。对于只影响个体的私人（个体）风险，且没有传递性，以市场化解和防范为主。对于会影响众多个体的公共风险，则应以政府化解和防范为主。但是，对于有些私人（个体）风险，也需要政府应对。比如有些私人（个体）风险虽然目前影响小，但“星星之火，可以燎原”，容易传递到其他众多主体；有些私人（个体）风险虽然发生的概率低，但一旦发生，所产生的负面影响巨大。诸如此类的私人风险，也是政府、财政

作用范围。只不过，政府、财政的主要作用范围和领域是公共风险。

（二）政府和社会资本合作应对风险是常态

虽然政府和市场在应对风险时各有所侧重、有所分工，但政府与市场合作是主要的形态。应该来说，政府和市场在应对风险时，分工中有合作、合作中有分工。比如防范健康风险，应以居民自身防范为主，但企业、政府也在发挥作用，企业为员工购买医疗保险、组织员工定期体检，政府强制性要求建立企业医疗保险制度、普及健康知识等，共同应对相关疾病风险。即便是政府在应对风险时起主要作用或发挥主导作用，也可以在某些环节、领域，引入市场参与，形成政府与市场合作分工的格局，甚至政府通过政府采购方式，购买公共服务，以化解和防范公共风险。以“利益—风险”为法则，构建政府、市场作用分工格局，不同于市场失灵论中关于政府与市场之间泾渭分明的分工格局。

需要指出的是，政府与市场、社会的合作，不仅仅是公共服务领域，还包括私人领域，政府与市场、社会的合作经常是跨界的合作，政府与市场、社会的活动范围不再是泾渭分明。

（三）政府和市场按照“利益—风险”法则，决定是否选择合作

首先，政府和市场合作应满足“联盟理性”条件。简单而言，政府和市场合作联盟理性是指，政府和市场合作后，更有助于化解和防范风险，包括私人风险和公共风险。比如降低化解和防范风险的成本，提高了化解和防范风险的效率。

其次，政府和市场合作形成满足“政府、市场的个体理性条件”。简单而言，政府与市场合作比不合作好，它们会有积极性进行合作。政府、市场都能从合作中获得利益、降低风险，等等。当然，政府、市场关注从合作中获得的利益、降低的风险不一样。对于市场而言，是否有积极性参与合作，关键在于从合作中能否获得稳定、可预期的收益，是否更有助于化解和防范个体风险。对于政府而言，是否有积极性参与合作，主要取决于合作是否有助于化解和防范公共风险，是否能提供数量更多、质量更好、成本更低的公共服务，是否有助于促进当地投资和经济发展等。另外，政府、市场还会考虑合作将可能产生或面临的风险。需要指出的是，尽管政府和市场合作可能有助于降低公共风险、提高公共服务质量，但合作未必能形成。政府和市场合作的形成，首先应满足政府、市场的个体理性条件。

第二章　对政府和社会资本合作的基本认识

基于以“利益—风险”法则重构政府与市场关系的认识，政府和社会资本合作不仅仅是为了提高公共服务效率和质量，还是公共服务提供、国家治理、资源配置的新模式，是除政府、市场之外的第三种模式。从政府主导公共服务提供模式向运用政府和社会资本合作提供公共服务转型，需要建立和完善相应的制度。

一、对政府和社会资本合作的认识

（一）内涵

PPP 是 Public－Private－Partnership 的字母缩写，直译为“公私合作”，在我国语境下则使用“政府与社会资本合作”。在我国将 PPP 中的第二个 P（Private）翻译成“社会资本”，不叫“私人资本”，它是相对于政府资金而言的。只要不是政府的资金，都可以叫社会资本。在我国语境下，提出“社会资本”这一概念，本身就是创新。“社会资本”具有两层含义：一是社会资本的经济属性，表现为经济资本，追逐利润；二是社会资本的社会属性，社会资本承担的社会责任。社会资本进入公共服务领域，不仅是为利润，还体现为承担一份社会责任。

在我国，国有资本以社会资本形式参与 PPP 项目，也体现了两种属性：一方面，国有资本是经济资本，要保值增值；另一方面，国有资本承担社会责任。

政府和社会资本合作（PPP）是指政府和社会资本以资金、技术、人力资本等形式，就公共服务提供开展的合作。

（二）合作形式与内容

可以采取政府购买、租赁、股权合作等形式。但是，这些合作形式的深度存在差异性，浅层次合作是政府长期购买，深层次合作是股权合作。

政府和社会资本合作的内容包括基础设施，公共服务相关的设施的建设，运营相关所需要的资金、人力资本、技术、设备等。既可以是规划、建设、运营、管理等全流程合作，也可以是规划、建设、运营、管理等部分环节的合作。

（三）特点

一是政府和社会资本合作提供的是公共服务。这是区别是否是 PPP 项目的重要特点。一个项目是否是 PPP 项目，重要的标准就是项目是否包括公共服务，如果不包括公共服务，就不是 PPP 项目。公共服务包括基础设施、教育、医疗卫生、养老、环境治理、市政建设等。政府和社会资本合作不适用于商业化领域、私人品。

二是政府和社会资本合作重点在于 PPP 项目运营。即便是政府和社会资本合作提供公共服务，如果仅仅在项目建设进行合作，那就不是 PPP 项目。PPP 项目核心在于公共服务项目运营。

三是 PPP 项目涉及的主体多。政府和社会资本合作涉及的主体数量多且极其复杂，包括居民、政府、直接关联主体（民营企业、国有企业或混合所有制企业、外资企业；资金方、施工方、运营方）和间接关联参与主体（金融主体、教育、咨询机构、律师事务所）。从参与主体的结构来看，可以分为独立参与主体和联合体，比如施工企业与资金方组成联合体，投资建设、运营一个 PPP 项目。从合作环节看，它可以是几个主体在 PPP 项目中的建设、运营等一个、几个或所有环节合作；从合作动机上看，几个主体可以是形成技术联盟，或者形成收益联盟，或者是形成风险联盟，或者是为了增信需求，或者是综合合作等，比如基金公司与施工企业合作。

四是政府和社会资本合作合同的不完全性。由于信息不对称以及未来环境变化的难以预期等原因，政府与市场、社会签订合同时，很难完全将未来变化纳入合同条款，使得 PPP 项目合同呈现不完全性。

五是 PPP 项目跨主体、跨行政区域和跨期性。有许多项目（比如道路、城市综合管廊、河流流域治理、大气治理等领域项目），跨越多个行政治理管辖区。很多 PPP 项目涉及不同政府部门，比如涉及发改、财政、其他政府相关职能部门，使得 PPP 项目具有跨行政部门特征。PPP 合作具有时间长的特点，许多项目合同期限不低于 10 年，一般为 20—30 年。财政部《关于进一步做好政府和社会资本合作项目示范工作的通知》（财金〔2015〕57 号）规定，政府和社会资本合作期限原则上不低于 10 年。

二、政府和社会资本合作是公共服务提供、资源配置和国家治理的新模式

政府和社会资本合作提供公共服务，区别于政府主导公共服务提供模式。相对于政府主导公共服务提供模式，政府和社会资本合作是公共服务提供的新模式。政府和社会资本合作提供公共服务模式与政府主导公共服务模式的区别主要体现如下。

一是逻辑起点不一样。政府主导公共服务模式的逻辑是，当市场失灵时，政府应进行干预，其中包括政府提供公共服务。提供公共服务是政府应有的职责，或者说是政府“单边责任”。基于这种逻辑，政府与市场之间有明确的分工，市场提供私人产品，政府提供公共服务，并由此衍生出与政府主导公共服务提供相适应的国家治理模式。而 PPP 模式的逻辑是，公共服务提供是政府、市场、社会主体的共同责任，决定了公共服务由政府、市场与社会合作提供并共治。政府、市场与社会可以根据公共服务提供的需要和各自优势，开展多种形式的合作。

二是公共服务供给效率不一样。政府主导公共服务提供，由于参与主体缺乏竞争，导致公共服务提供效率不高。而运用 PPP 提供公共服务，市场主体不仅会有追求降低公共服务成本的内在动力，还会提高公共服务的时间效率，可以在更短的时间内提供更多的公共服务，也会以更高的质量提供公共服务。

三是政府发挥的作用不一样。在政府主导提供公共服务模式中，政府既是公共服务的生产者、运营者，又是监管者、管理者；而运用 PPP 提供公共服务，政府与市场、社会合作提供公共服务，政府投入减少甚至不需要投入，公共服务运营、生产可以交给市场，政府的角色则定位于制定政策、规划和监管公共

服务质量，核心作用是降低政府与市场、社会合作中的不确定性，重新分配风险①。

四是运作模式和治理模式不一样。在政府主导提供公共服务模式中，政府负责管理、监管；而运用PPP提供公共服务的治理主要体现为共治。在宏观层面，政府、市场、社会主体共治；在微观层面，共建、共享，政府、市场、社会主体共建PPP项目运营机制和能力，共享PPP项目收益，共治PPP项目风险。

需要指出的是，政府主导公共服务模式也包括政府购买公共服务形式，但政府采购公共服务与PPP中的购买公共服务存在着区别。政府采购公共服务可能体现为政府一次性购买公共服务，而PPP中的政府购买公共服务侧重于政府长期购买公共服务，体现长期性。

三、政府和社会资本合作与政府特许经营的区别

作为治理方式和资源配置方式，政府特许经营与PPP模式存在理念上的本质不同。从国内政策制定和具体实践看，二者很容易被混为一谈，甚至出现政府特许经营替代PPP的现象，这不利于政府特许经营与PPP工作的依法推进和目标实现。

政府通过特许经营、PPP，引导和配置资源。与此同时，政府通过特许经营、PPP方式提供公共服务，能实现公共目标。可以这么认为，政府特许经营、PPP都是治理的重要工具和资源配置方式，但这两者之间存在明显差别（见表2－1）。

表2－1　政府特许经营和狭义PPP模式的比较

	政府特许经营	狭义PPP
逻辑起点	市场失灵——政府提供公共服务——政府特许经营	公共服务并非政府独占、多元化、共同责任——PPP
管理理念	正面清单管理	负面清单管理
权力配置模式	放权	分权
双方法律地位	不平等	平等、共治

① 本部分根据刘尚希、赵福军的“政府与社会资本合作：公共服务体制机制改革的切入点”（《中国经济时报》，2016年1月28日）一文整理而成。

续表

	政府特许经营	狭义 PPP
机制建设	政府主导	共建
收益分享	超额利润不共享	共享
风险承担	经营主体自担为主	共担
合作依据	政府许可	PPP 协议
合同类型	行政合同	民商事合同

（一）政府特许经营主要侧重政府管理、配置资源

从国际通行做法看，特许经营可分为政府特许经营（基础设施/公用事业特许经营）与商业特许经营。商业特许经营在我国起步较早且发展相对成熟，相关法律主体之间基于平等的法律主体地位和民商事合同而协同合作。政府特许经营起步较晚，主要是指公共基础设施和公用事业领域的特许经营。

政府特许经营是指政府通过让渡公共基础设施和公用事业领域的经营权（占有权、使用权和对自身经营的部分收益权处分权）而获取收益。政府特许经营的逻辑起点是市场失灵。因自然垄断、外部性等市场失灵出现时，需要政府提供公共服务，并进行管理。其中，政府特许经营是政府管理中的重要工具。政府特许经营通过行政授权，允许社会资本进入公共基础设施和公用事业领域。政府通过行政合同特许社会资本经营，侧重政府管理，与传统计划经济的“正面清单”思维相吻合。在政府特许经营中，社会资本与政府的地位不平等，政府为管理方，社会资本为被管理对象。

（二）PPP 模式主要体现共治，是资源配置的新模式

PPP 模式至今没有公认的精确定义，国际组织和发达国家普遍把 PPP 理解为政府和企业的一种伙伴关系，世界银行将 PPP 定义为公私合营伙伴。不论哪种定义，其核心都是政府与社会资本（或企业）合作。虽然政府与社会资本合作提供公共服务和公共品，但 PPP 模式的逻辑起点不同于政府提供公共服务模式。已有的经济学认识是，市场能有效发挥作用的地方交给市场，公共服务的提供只能是交给政府，政府与市场之间分工应当泾渭分明。但现实的情况是，即使在公认的公共领域，也并非政府独占，社会主体也可以提供公共服务。如果沿用这种思维与逻辑分析，市场、社会可以提供公共服务，政府与市场、社会合作也只是在公共服务供给效率上有所提升。

应从治理、资源配置角度认识PPP。政府与市场合作提供公共服务的逻辑起点是，提供公共服务是政府、市场等主体的共同责任，政府、市场合作提供公共服务。政府、市场之间就公共服务提供签署民商合同，各方处于平等地位，共同治理。PPP项目涉及目标各异的政府、市场、居民等多主体，为形成合作，需要共建相关机制与制度。针对PPP项目中的不确定性与风险，单靠政府或市场、社会难以解决，需要政府、市场、社会共同治理并共担不确定性与风险。政府与市场、社会合作的形成、维系，必须满足各参与方的激励相容条件，参与各方收益共享。

基于提供公共服务是政府、社会、市场等主体的共同责任的逻辑，衍生出政府、社会、市场合作提供公共服务及其相应的机制、模式等。综合以上分析，PPP是资源配置的新模式，是除政府、市场之外的第三种模式，是政府、社会、市场各方共治、机制共建、利益共享、风险与责任共担的模式。

（三）政府特许经营与PPP是两种不同的治理模式和资源配置模式

综上所述不难看出，政府特许经营与PPP是两种不同的治理模式和资源配置模式，政府特许经营主要侧重政府管理和配置资源，与政府主导公共服务提供、正面清单管理、行政授权等一脉相承；而PPP模式主要体现政府、市场、社会各方共治，与公共服务提供主体多元化、负面清单管理、国家治理现代化等契合。

四、从政府主导公共服务提供模式向运用政府和社会资本合作提供公共服务转型，需要加快完善制度环境

政府主导公共服务提供，建立了与之相适应的制度，包括监管、法律、税收、产权、融资等。在政府主导公共服务提供模式中，政府既是提供者、生产者，又是监管者；既是运动员，又是裁判员。政府建立事业单位、国有企业提供公共服务，以养机构、养人方式进行。政府主导公共服务提供相关的税收优惠政策主要针对政府及事业单位。政府为规范相关行为，出台了《政府采购法》《招投标法》《国有资产法》《审计法》《政府采购实施条例》《招投标法实施条例》等法律法规。

从政府主导公共服务提供模式，向运用政府和社会资本合作提供公共服务

转型，既是一项重大改革，又是公共服务提供的一项重大制度变迁。推广运用政府和社会资本合作提供公共服务，改变政府主导公共服务提供模式，必然需要加快完善与之相适应的制度和法律，包括法律、税收、产权、融资、监管等（见图2－1）。比如运用PPP模式提供公共服务，政府职能从提供、生产、监管于一体转变为侧重于监管。可以这么说，推广运用政府和社会资本合作提供公共服务，是一项系统工程，需要系统建构与之发展相适应的制度环境。

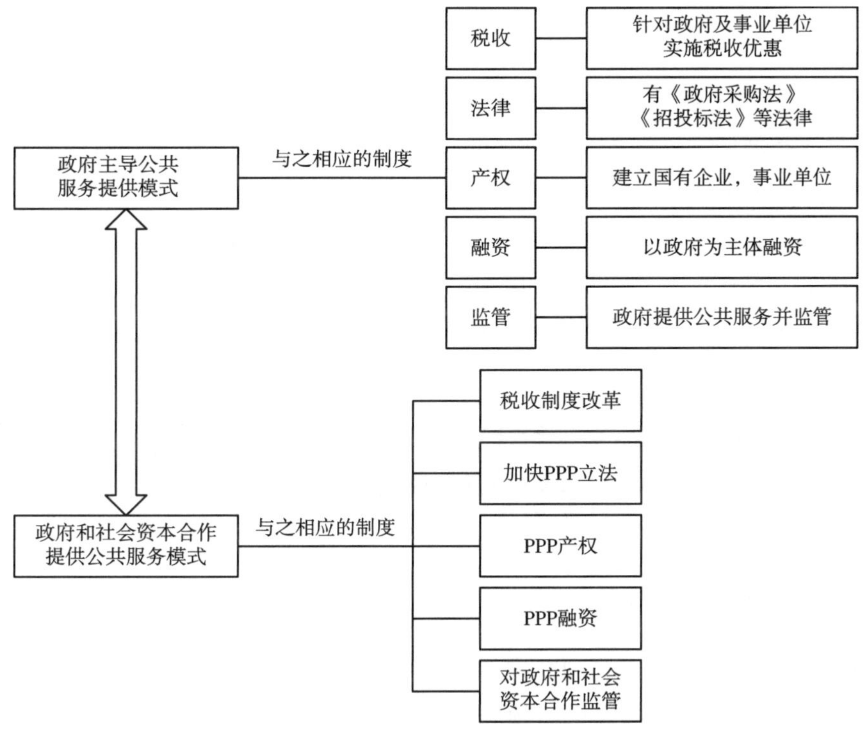

图2－1　向运用政府和社会资本合作提供公共服务转型所需要的制度环境

运用政府和社会资本合作模式提供公共服务，需要加快相关立法。政府主导公共服务提供，建立起与之相适应的法律制度。由于政府和社会资本合作提供公共服务，区别于政府主导公共服务提供模式，与政府主导公共服务提供模式相适应的法律制度，难以适应政府和社会资本合作提供公共服务发展的需要；因此，大力推广运用政府和社会资本合作模式提供公共服务，需要加快政府和社会资本合作立法。

第三章　政府和社会资本合作治理理论

运用政府和社会资本合作（简称政社合作，即 PPP）模式提供公共服务，不仅仅是区别于政府主导提供公共服务的新模式，还是一种新的资源配置和国家治理的新模式。政府和社会资本合作提供公共服务，主要涉及政府、社会资本和居民三大主体。让政府和社会资本合作形成、维系，需要实施“共治、共享、共建”的治理模式，即政府、社会资本和居民共治，政府、社会资本和居民共享政社合作项目产生的收益，共建推进政社合作模式所需要的能力和制度、体制机制。

一、政府和社会资本合作是资源配置、国家治理的新模式

（一）市场、政府是资源配置的两种模式

在现有的研究中，市场和政府是资源配置的主要两种模式。市场与政府的分工，是市场能有效发挥作用的领域，就是市场活动领域。一旦超越市场所能，需要政府发挥作用。市场与政府之间作用边界分明，市场不能发挥作用的领域，则是政府发挥作用的领域。

市场配置资源以价格为导向，自由选择，富有效率；而政府配置资源以政策目标为导向，公共选择，富有组织动员能力。政府在配置资源时，按照科层组织垂直化配置资源。政府提供公共服务以公共风险为导向，以财政能力为边界。

市场配置资源是一个自组织的过程，也是一个发现价格的过程，但容易产生合成谬误和滥用垄断地位。政府在配置资源时，具有集中力量办大事的优势，可把经济与社会的要求结合起来，降低公共风险；但也有灵活性不足、忽视效率、隐藏公共风险、不能提供多样化的公共服务需求等不足（见表 3 – 1）。

表3－1 市场、政府、政府和社会资本合作模式比较

	市场	政府	政府和社会资本合作
作用领域	能通过竞争发现价格的领域	价格不存在的领域。或能发现价格，但有损社会的领域	能达成契约的领域
资源配置基本原则或标准	自由选择。价格引导资源流向	公共选择。按照科层组织垂直化配置	合作选择。“风险—利益”分担与共享
存在的不足	整体的盲目性。产生合成谬误、滥用垄断地位	信息不充分。灵活性不足。易隐藏风险	实施成本的不确定性大
优势	富有效率。分散公共风险	富有组织动员能力。可集中力量办大事	具有互补性。可形成合力。降低公共风险

（二）已有关于公共服务提供的逻辑起点与提供模式：公共服务提供是政府“单边责任”和“单边义务”，政府主导公共服务提供

财政学、公共经济学已有的理论认为，当市场失灵时，政府应进行干预，其中包括政府提供公共服务。提供公共服务是政府应有的职责，或者说是政府“单边责任”。基于这种逻辑，政府与市场之间有明确的分工，政府与市场活动边界和范围划分泾渭分明。市场提供私人产品，政府提供公共服务，并由此衍生出与政府主导公共服务提供相适应的国家治理模式。在政府主导公共服务提供模式下，政府通过税收、收费为公共服务提供财力支持，也通过建立国有企业提供公共服务。政府为了提高公共服务效率，通过向社会、市场放权，中央向地方放权方式，让社会、市场、地方政府参与公共服务提供。即便是在公共服务提供中引入社会资本，也是基于提供公共服务是政府责任的思维。从BOT的含义不难看出，由社会资本建设、运营公共服务一段时间后，仍需要移交到政府手中，表明了基于公共服务提供是政府的单边责任思维。在政府特许的公共服务领域，政府通过行政授权、行政许可方式允许社会资本参与公共服务提供，这也体现更为明显的“提供公共服务是政府责任、政府向市场放权”的思维。

以这种逻辑分析公共服务提供，不符合现实发展需要。现实的情况是，即使在公认的公共领域，也并非只有政府提供公共服务，市场、社会也在提供公共服务，政府与市场、社会合作已成为公共服务提供的重要模式，因此，需要理论创新和发展，适应实践发展需要（见图3－1）。

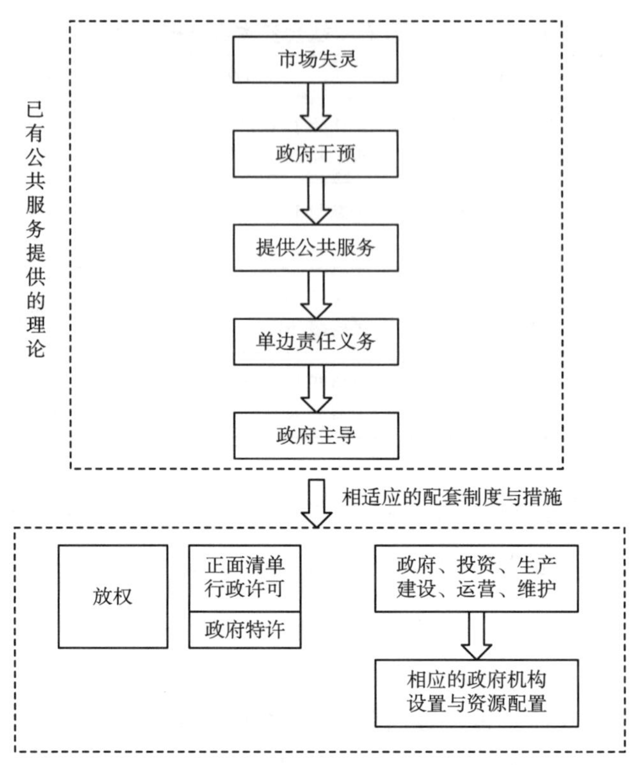

图3－1　政府主导公共服务提供的模式

（三）政府和社会资本合作模式是资源配置、国家治理的新模式

市场配置模式和政府配置模式是已有的两种资源配置模式。按照政府、市场之间关系的“二分法”思维，政府与市场之间应当泾渭分明，市场能有效发挥作用的地方交给市场，公共服务的提供只能是交给政府。公共产品与私人产品的划分成为政府与市场分工的基本依据。但现实的情况是，即使在公认的公共领域，也并非政府独占，社会主体也可以提供公共服务。市场、社会的作用领域可以扩大到传统理论认为只能由政府发挥作用的公共领域。就此而言，至少要基于政府、市场、社会三者之间关系构建的“三分法”思维，推进多元主体之间的分工与合作。按此认识，资源配置模式不仅有市场、政府两种模式，还包括政府与市场、社会合作的第三种模式。政府和社会资本合作提供公共服务，既能充分发挥市场、政府各自具有的优势，又能弥补市场、政府配置资源中的不足。

一是政府和社会资本合作提供公共服务更加有效率、更加灵活。运用政社合作模式，鼓励市场、社会主体参与提供公共服务。对于市场主体来说，参与公共服务提供的动力在于综合考虑收益、成本与风险，追求未来的利润。企业参与政社合作项目时，会有追求降低公共服务成本的内在动力。从宏观来观察，还可以大大提高公共服务的时间效率，可以在更短的时间内提供更多的公共服务，以更高的质量提供公共服务。政府可以通过购买、股权合作、租赁经营、特许权经营等多形式，与市场、社会合作提供公共服务，满足不同类型的需求。政社合作模式包含的类型多，可以根据不同地区、项目的具体情况选择，使得公共服务供给、政社合作项目运作方式和操作方式更加灵活。

二是可以避免公共治理中的碎片化问题。政府主导公共服务提供模式中，一般是按照公共服务受益范围划分中央与地方提供的职责，这样就形成地方性公共服务与全国性公共服务。有些跨行政区域的公共服务，需要地方政府联合提供。与此同时，按照政府部门事权划分其在公共服务提供中的职责，有些公共服务需要多个政府部门联合提供。这样一来，政府提供公共服务就形成条块模式。这种模式的好处是方便管理和考核，但协调不同地方和部门时需要付出较高的协调成本，容易导致治理“块状”分割和“九龙治水”等类似的碎片化治理问题，破坏了某些项目完整性、技术一体化及经济效率。涉及的行政辖区和部门越多，协调成本就越高。运用政社合作模式，由涉及区域、部门和市场、社会共同出资成立项目公司（SPV）来提供公共服务，不仅可以充分发挥提供公共服务更加有效、动员资源更加广泛、参与主体更加平等、机制更加灵活、资源配置更加扁平化等优势，还可以避免政府主导公共服务提供中存在的“九龙治水”等类似的碎片化治理问题。

三是动员资源更加广泛，能避免市场主体实力不足，政府行为受财政资金、体制机制约束等问题。市场主体提供公共服务，容易出现实体不足或意愿不足问题；政府提供公共服务，容易受体制机制和财政资金、行政边界的约束。而运用政社合作模式提供公共服务，则能突破体制机制和行政边界约束，跨区域、跨领域、跨部门组织动员资源，拓展了可行配置空间，减少了因行政、区域分割带来的冲突和低效率。可动员人力、资本、技术、管理等各种资源广泛参与，充分发挥市场、社会的作用。政府与社会资本合作，从广义来说，既可以包括存量，也可以针对增量。对于已经建成的公共设施和政府正在提供的公共服务，可以实行特许授权，通过市场和社会主体来运营管理公共服务，如高等级公路、医院、养老院等；对于新建公共设施和将要提供的公共服务，可以从一开始就让社会资本参与，从设计、建造、采购、运营、管理等环节全程参与，可弥补政府自身能力的不足，如资本、人力、专业性等方面的不足。

二、政府、社会资本与居民共治

（一）政府和社会资本合作提供公共服务的形式多样化

政府和社会资本可以根据公共服务提供的需要和各自优势，开展多种形式的合作。公共服务提供包括方案设计，公共服务筹资、建设、运营、维护等多个环节或阶段，政府、市场与社会可以在公共服务提供的这些环节中的某个环节或某几个环节，甚至是全过程进行合作。公共服务提供需要资金、技术、土地、劳动力、人力资本、机器设备等这些要素，政府和社会资本可以根据实际情况，以这些要素参与合作提供公共服务。公共服务的付费方式（或成本弥补方式）包括财政支出、向受益者收费、第三方付费等，政府和社会资本合作提供公共服务时可以根据公共服务的类型采取某种或某种类型组合方式回收投资。

（二）政府和社会资本合作提供公共服务并共治，能够化解和避免政府、市场、社会单独提供中的风险与不确定性

公共服务提供是政府、市场与社会的共同责任，需要合作提供并共同治理。

1. 共治能防范化解“集体行动困难”“囚徒困境”“公地悲剧”等问题

如果依靠市场、社会主体自愿达成协议方式提供公共服务，可能会面临就公共服务成本分摊等，难以达成一致或达成一致成本较高的情况，出现“集体行动困难”“囚徒困境”。公共资源具有直接收益，市场、社会主体就会过度进入或抢先进入，出现“公地悲剧”。在政府与市场、社会共同提供公共服务且共治的情况下，政府可以充当协调人角色，降低市场、社会主体之间公共服务提供的交易成本，避免“集体行动困难”“囚徒困境”出现；在公共服务供给过程中，政府不一定出资。面对公共服务供给过程中的讨价还价成本，政府可以充当“协调人”或“中心协调人”的角色，以促进公共服务提供（赵福军，2008）。为避免“公地悲剧”，政府可采取产业准入限制等措施。

2. 共治可化解政府主导公共服务提供效率不高问题

政府主导公共服务提供，可能会存在效率不高、对公共需求响应不及时等问题，有些公共风险没有及时化解和防范，甚至还可能会导致公共风险日益积聚。在政府与市场、社会共同提供公共服务且共治的情况下，公共服务供给更

加有效率。不仅以更低的成本、更高的质量提供公共服务，还可以大大提高公共服务的时间效率，在更短的时间内提供更多的公共服务。

3. 共治能促使政府、市场、社会各方互相监督、互相约束，减少政府主导公共服务提供中的委托代理成本与监督成本

政府主导公共服务提供，可能委托给相关部门或中央委托给地方，这样可能会产生委托代理成本。即便是市场、社会主体可以从公共服务受益者角度对政府提供的公共服务进行监督，但市场、社会主体相对于政府而言，处于信息劣势地位，难以实施充分的监督；政府对相关部门提供公共服务实施审计等相关监督，也需要付出较高的监督成本。在政府与市场、社会共同提供公共服务且共治的情况下，政府、市场、社会在公共服务全生命周期参与合作，既可以减少政府主导公共服务提供时的委托代理成本，又可以对合作主体进行监督、约束，防止政府、市场、社会的道德风险行为，也减少监督成本。比如：政府主导治理环境时，可能会出现政府在治理，部分企业在偷偷污染；由政府与市场、社会共同治理环境，全社会都在监督环境污染，能大大减少一边治一边污染的问题。

（三）政府和社会资本共治的核心内容：行为共治

政社合作项目涉及到政府、市场、社会、居民等多参与主体。政府与市场、社会合作提供公共服务，政府、市场、社会是公共服务的提供者；政府还充当监管者，对公共服务进行监管；居民是公共服务受益者和监督者。除此之外，政社合作项目参与主体构成复杂，还包括金融参与方、项目建设和施工方等间接参与方；不仅可能包括本地区的政府及相关部门，还可能包括其他地区的政府及相关部门，甚至可能包括省、市、县、乡镇等多层级的政府及相关部门。另外，政社合作项目生命周期长，会涉及参与人的不确定性问题。政社合作项目合同期限一般不低于 10 年，很多为 20—30 年。在涉及较长时间的项目生命周期中，政社合作项目可能面临企业生死、兼并、转型、资本结构和治理结构变化，企业法人的更换，政社合作项目生命周期与企业生命周期不一致、不对称、不匹配等问题；政社合作项目跨多个行政期限，也可以看成不同的参与主体。

政社合作项目所涉及的政府、市场、社会、居民等多主体的目标的差异性，需要运用制度协调这些主体的行为。由于政府、市场、社会、居民在政社合作项目中的角色与地位不一样，其目标也呈现差异性。对于市场主体来说，参与

公共服务提供的动力在于，综合考虑收益、成本与风险，追求未来的利润。对于社会主体来说，参与公共服务提供的动力在于，追求社会组织的社会影响或声誉；对于政府来说，运用政社合作模式提供公共服务的动力在于，可降低财政负担，提供数量更多、质量更好的公共服务。在政社合作项目中，企业可能为追求利润、降低风险以及较快地回收投资，在劳动力、原材料等要素成本上升时，可能会以牺牲公共服务质量保证其利润。这样就会出现政府、市场、社会、居民等主体目标之间的冲突。对于政社合作项目来说，由于政府、市场、社会三方目标的差异性，它们之间的潜在冲突一直伴随着政社合作项目全生命周期，包括再谈判和“敲竹杠”问题、合作破裂或中止、调整合作水平等。

因此，推进政社合作模式，需要协调政府、市场、社会这些主体行为，实现这些主体之间的激励相容，让大众有更多的获得感和满足感（见图3－2）。

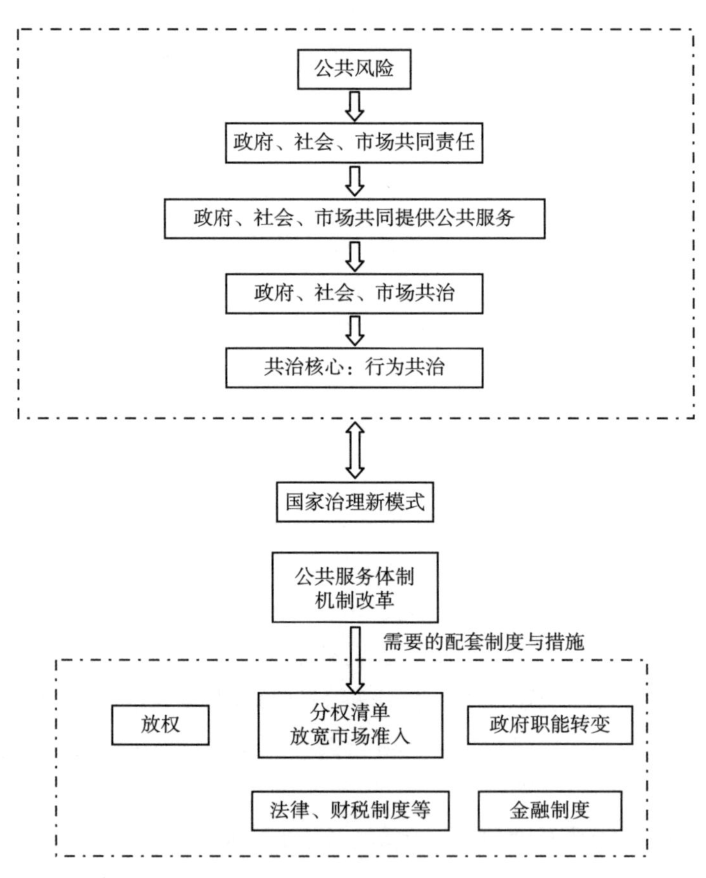

图3－2　以共治为理念的政社合作模式

（四）政府和社会资本共治的核心：风险共治

1. 风险共治的优势

一是政社合作项目风险具有公共性、外溢性，需要各方共治。有些风险看似影响社会资本较多，但如果社会资本没办法承受风险，会直接影响政社合作项目运营，最终也会影响政府、居民。因为政府、居民也是公共服务的受益者，因此，对于看似影响社会资本较多的风险也需要政府、社会资本、居民等主体共治。

二是为提高风险治理的效率，需政府、社会资本、居民各方参与共治。政府和社会资本合作，各方如果仅从各自目标出发而不考虑合作目标，就会导致各参与方为最大化个体利益，而产生违约行为和行为风险，比如社会资本为追求更多的盈利而牺牲公共服务质量。因此，为实现、维系政府和社会资本合作，既要实现各自目标，又要实现合作目标，需要约束双边行为、共治行为风险。

2. 风险共治的重点

政社合作项目中既包括市场、环境、政策等多种类型的风险，又包括来自政府、市场主体、社会主体行为带来的不确定性与风险。因此，需要政府、社会资本和居民共同治理并降低不确定性与风险。

（1）政府和社会资本合作面临风险与不确定性的多样性与复杂性。政府与市场、社会合作会面临多种多样的风险，大致包括环境风险、政策风险、项目风险、市场风险等。在这些风险中，有些外生的，有些是内生风险；有些风险可控可预期，有些风险则完全不可预期；有些风险有良好的风险统计特征，有些风险则完全随机；有些风险可以通过保险市场分配，有些则属于不可测度或不可抗风险；有些属于自然风险，有些则属于不对称信息不完全信息下的道德风险。按照政社合作项目实施的顺序，可以分为事前、事中、事后的不确定性与风险。事前不确定性与风险主要是指，政社合作项目参与方因信息不对称而担心存在的不确定性与风险，以及因信息不对称引发的道德风险。事后不确定性与风险主要是指，政社合作项目实施后，参与主体“变卦”，不履行合同。

（2）共治的重点就是防范和降低政府、社会资本和居民等主体的行为风险。政府与社会资本合作中面临的问题，虽然有市场、环境等客观风险，这些风险在任何主体合作中都会存在，但最重要的风险是政府与社会资本、居民行为的风险，主要包括：①信息的不完全性。政社合作项目涉及的时间长，面临的自然风险和市场风险可能比较多。自然原因导致的自然风险包括险源不确定、分布无规律、不可识别、不可预期、风险地图结构不完整等。有些自然风险对政府、市场、社会主体而言都是无法预知的；有些风险超越技术识别和应对手段时，就处于技术上不可排除状态。一旦这些不可识别、不可预期的风险出现，就会对政社合作项目参与方带来不确定性和风险。②信息的不对称性。在政府与社会资本合作中，各参与方的信息对其他参与方都存在信息不对称性，自身拥有的信息比其他参与主体拥有的信息多。如果政社合作项目各参与方的真实状况存在不确定性，或者未来行为方式不可预测，就会存在严重的逆向选择、协调失灵和囚徒困境问题。③信息的动态性。在政社合作项目实施过程中，经济环境、自然环境等客观环境、参与人状态等都会发生变化，会改变政府与市场、社会合作的条件，从而影响合作的维系。比如，在政社合作项目实施过程中，可能面临政府行政环境、政策变化，也可能面临企业法人变更、兼并、破产、重组等。④信息的策略性扰动。在政府、市场、社会合作形成和维系过程中，政社合作项目参与人不仅不会提供真实信息，而且可能会故意提供虚假失真信息，进一步扭曲决策结构。比如：有些地方政府为保证项目成功而刻意隐瞒真相，向市场传递虚假的人口结构、收入及消费潜力等统计信息；有些企业为了争取到项目，刻意向政府和市场合作者隐瞒会计财务实力；第三方资信评估机构也可能会提供假资信；等等。⑤政府、社会资本、居民之间的合谋行为。地方政府和社会资本之间合谋、社会资本和居民之间合谋、地方政府和居民之间合谋，这些合谋行为出现，都不利于政府和社会资本合作初衷目标的实现。

（3）实现风险共治的途径。

一是政社合作风险是政府、社会资本共同的风险，需要各方共治。这就是联合分担风险原则。社会资本负责项目的建设过程和日常运营环节，在信息、决策等方面都处在有利的位置和拥有更多信息，有责任并且有能力来承担项目的设计、建设、财务和运营等商业风险，因此，项目设计、建造、财务和运营维护等商业风险由社会资本来承担。对于政社合作项目双方均不具控制力的风险，分配时应综合考虑风险发生的可能性、防范风险的成本和社会资本承担风险的意愿等，由政府和社会资本共同共担。

二是通过制度设计以防范主体行为风险。政府、社会资本的行为风险是需要重点防范的风险，需要强化制度设计，从源头上加以防范。根据社会资本的风险偏好程度（风险规避者、风险偏好者、风险中性偏好者）与责任能力，设计风险分配制度。可以让收益最大者多承担风险，规避风险成本最小者多分担风险，最能够承担风险者多承担风险，最有潜在能力者多承担风险，可能损失最大者主动规避风险。

三是对政府行为加强法律约束，加快推进政府行为法治化。与社会资本相比，政府处于更加有利的地位。因此，加快推进政府行为法治化，使得政府遵循法律、法规。

四是加强对社会资本进行动态监管。为防止社会资本在履行合同中的违约行为出现，政府在政社合作项目中的重点工作就是：对社会资本加强监管，及时调整纠正社会资本行为的偏差。

三、政府、社会资本和居民共建体制机制

由于政府和社会资本合作是资源配置和国家治理的新模式，政府主导公共服务提供的模式，以及相关的政策、体制机制、管理必然难以适应这种新模式。因此，适应政社合作发展，需要大力建设与之相适应的制度、体制与机制建设，包括金融、法律、公共服务监管、公共服务建设与运营、税收、财政支出、预算等相关制度。

（一）政府、社会资本和居民共建的优势

1. 可增强政社合作相关制度、机制、体制的可执行性和可操作性

在政府主导公共服务提供模式下，政府是公共服务的生产者、监管者，并建立相应的公共服务供给的融资体系、税收制度等。运用政社合作方式提供公共服务，政府角色发生改变，政府工作重点是对公共服务提供的规划、数量、质量进行监管等方面。因此，从政府主导公共服务提供模式，向运用政府和社会资本合作提供公共服务模式转型，需要建立与政社合作发展相适应的金融、法律、公共服务监管、公共服务建设与运营、税收、财政支出、预算等相关制度。这些制度的建立健全，需要地方政府、社会资本、居民共同参与，增强制度的可操作性。

2. 可提高社会资本参与政社合作项目的积极性

政府与社会资本合作提供公共服务，形式、具体融资机制、项目运作机制、退出机制、政府与社会资本之间的股权比例、风险与责任分配机制、收益分享机制，需要政府与社会资本之间进行协商共建。比如，为应对政府与社会资本合作提供公共服务中的经济环境、公共服务的受益者规模变化，可能会出现社

会资本的收益达不到合同约定的最低收益水平，需要政府与社会资本各方在公共服务提供合同签订时，就相关事宜进行磋商，建立利益补偿等相关机制。

（二）政府、社会资本和居民共建政社合作体制机制的重点

1. 建立政社合作项目共同规划的体制机制

吸引社会资本参与公共服务提供，并不是简单地把公共服务的市场准入放开，它们就会自动进入。社会资本注重项目的营利性，为利益而来，如果预计公共服务项目不能盈利，就不会进入。因此，需要提升公共服务项目策划能力，与社会资本共同进行策划政社合作项目，并建立共同规划机制，增强它们参与提供公共服务的吸引力。

2. 提高政府、社会资本共建体制机制的能力

对政府而言，需要全方位提高相关能力。（1）需要提升认识和学习能力。需要从治理角度认识政社合作，树立政府与社会资本、居民各方共治理念。政社合作是国家治理新模式，区别于政府主导公共服务提供的模式，需要政府相关工作人员加强学习，适应政社合作发展的需要。（2）提高制度建设能力。适应政社合作发展需要，加快提升与政社合作相适应的制度、体制与机制建设能力。（3）提高监管能力。公共服务涉及公众利益，鼓励社会资本提供公共服务，需要平衡好营利性与公共利益，防止社会资本牺牲公共利益而获取项目的营利性，因此，加强监管和提高监管能力尤为必要。当然，也可以引入第三方对政社合作项目进行监管。

对于社会资本而言，参与公共服务提供，也需要增强相关能力。（1）增强法律、税收、制度等学习和研究能力。运用政社合作提供公共服务，政府出台很多法律法规、制度等，需要及时学习。从政府主导公共服务提供的模式，向政府和社会资本合作提供公共服务转型过程中，有很多制度处于完善过程，需要社会资本不断学习和研究，并及时向政府提出有建设性的意见和建议。（2）增强创新能力。市场主体处于市场前沿，熟悉商业运作，应加强政社合作项目能力建设，提出更多、更好的运作模式。

3. 增强政府与社会资本、居民主体相互适应能力

在政府主导公共服务提供模式中，政府与市场、社会处于不平等地位，政府是监督、提供、生产运营方，市场、社会是公共服务的受益方。尤其是公共服务提供具有垄断性时，政府居高临下地命令指挥。而政府与市场、社会合作提供公共服务时，需要平等协商，相互适应。比如，由于政府相关负责人或市

场、社会主体的负责人变更，都需要适应不同风格。

四、政府、社会资本和居民共享收益

（一）政府、社会资本、居民共享收益的好处

政府、社会资本、居民这三者之间目标呈现差异性，在某种程度上说是存在一定对立性，比如居民要求质量比较高的公共服务，需要政府和社会资本投入更多的财力，增加了政府、社会资本、居民这三大主体之间目标兼容的难度。可以通过合理的制度设计，实现这三大主体之间目标兼容，比如，建立政府、社会资本、居民共享政社合作项目收益制度，让它们都能从政社合作项目中获得收益，从而支持、推进政社合作模式发展，实现这三大主体之间的目标激励相容。

对于公共服务使用者付费的项目，社会资本参与这类政社合作项目，从使用者付费中获得一定的收益；与完全由政府提供公共服务相比，居民不用付出更多，但可以享受更多、更好的公共服务；对于政府而言，不用参与这类公共服务提供或减少参与提供的投入，降低财政负担。因此，政府、社会资本、居民都从中获益，实现多赢，实现了收益共享。

对于政府付费的政社合作项目而言，社会资本参与这类政社合作项目，从政府付费中获得收益；与完全由政府提供公共服务相比，居民可以享受更多、更好的公共服务；对于政府而言，可以通过招投标引入社会资本，降低财政负担和当期财政支出压力。因此，政府、社会资本、居民都实现了收益共享。

（二）实现政府、社会资本、居民共享收益的举措

1. 统筹平衡政社合作项目相关主体的利益，要让各参与方都能受益

推动政府与社会资本形成合作并维持的重要条件就是，要让政社合作项目参与各方实现收益共享，既要防止只注重市场主体的利益，而忽视公共利益；又要防止只注重公共利益，而忽视社会资本的利益。要统筹平衡政府、社会资本、居民相关主体的利益。

政府、市场主体、社会主体在参与政社合作项目时，获得的收益有所侧重。对政府而言，政府从政社合作项目获得的直接收益就是，增加公共服务和公共

产品的有效供给，提高公共服务供给质量，其间接收益还包括促进经济增长与发展、改善生态环境等。对于社会资本而言，除了从政社合作项目中获得直接利润外，还包括项目参与经历、经验、学习效应、信誉、核心竞争力、政府关系、市场网络、团队合作与治理、顾客资本等；社会收益是由政社合作项目带来的外溢效应，或者因政社合作项目引致、间接关联而给第三方带来的收益总和。对居民而言，从政社合作项目中获得的收益包括，公共服务质量供给的提升、公共服务供给数量的增加、因公共服务或公共产品提供而引发私人的资产自然增值，等等；在国家层面，如果政社合作项目收益没有外溢到其他国家，那么政社合作项目的所有收益、成本和风险都将内部化。要促使政府、市场、社会形成合作并维系合作的稳定性，就必须统筹平衡各方利益，使得政府、社会资本、居民等各相关方都能获得收益，从政社合作项目中获得的收益高于从政府主导公共服务提供中获得的收益。尤其是政府、社会资本不能从政社合作项目中获得收益，则政府和社会资本合作难以形成、维系。

2. 创新政社合作项目盈利模式，增强市场参与政社合作项目的积极性

要让市场有积极性参与政社合作项目，必须寻找合理的盈利模式。也就是说，不管采用何种方式实施政社合作，市场提供公共服务都必须有付费来源。纵观目前常见的政社合作案例，目前主要有使用者付费、政府付费、可行性缺口补助等模式。为增强政社合作项目吸引力，应鼓励创新，主要有以下几方面。

一是探索第三方付费方式。第三方付费是指由政社合作项目中的使用者、政府之外的主体付费。比如，政社合作项目公司在提供公共服务时，可以附带生产出具有经营性的副产品（如广告、建筑作品知识产权的授权使用），社会资本经营这些副产品，由这些副产品的使用者付费，以此弥补公共服务提供的成本。

二是探索综合性政社合作项目跨领域补贴的付费方式。积极探索综合性的政社合作项目，将公共服务与具有商业价值的项目捆绑开发，以具有商业价值的项目的收益补贴公共服务建设、运营。比如香港地铁公司（简称港铁）的盈利模式可总结为“轨道交通 + 地产商业”的组合。具体操作方式是：政府在实施政社合作项目时，将基础设施或公用事业项目（比如地铁、隧道、环境治理等）周边一定数量的资源（如土地、旅游、矿产等）的开发权或经营权，让渡给政社合作项目公司作为对价。以捆绑方式提高项目公司的整体盈利能力，即所谓的资源补偿，以确保社会资本获取合理回报，调动投资者的积极性。这种模式在我国面临的最棘手问题是，土地等公共资源通常需要通过公开出让方式

取得，捆绑或补偿方式面临着法律法规的约束。

三是探索跨环节补贴的付费方式。政府授权社会资本对政社合作项目的潜在价值进行开发，比如政社合作项目供给的基础设施或公用事业建成后，需相应的配套服务才能正常运转，政府可授权政社合作项目公司提供这种可以产生预期收益的配套服务（如餐饮、物业、绿化等）。

3. 建立和完善政社合作项目的超额收益分享制度

对使用者付费的政社合作项目可能会因使用者需求激增，导致项目公司获得超出合理预期的超额利润。有人提出对政社合作项目的超额收益进行限制，防止因使用者需求激增或收费价格上涨，导致社会资本获得超额收益。我们认为，需要区分超额收益来源，采取相应的激励措施。为充分发挥社会资本的积极性，激发其创造力，可以让社会资本分享由其努力、创新政社合作项目运营而获得的超额收益。

一是建立浮动收益制度。为充分体现社会资本在政社合作项目中的贡献，可以按照努力与收益匹配原则分配超额收益。如果社会资本依靠运营努力、创新而取得政社合作项目的超额收益，可以全部归属于社会资本。如果是政策因素导致政社合作项目的超额收益，则不能归属于社会资本。

二是实施跨期平衡策略。为增强社会资本创新的动力，可以在前期允许社会资本获得相对低一点的汇报，在政社合作项目运营中后期获得相对高一点的回报。这样，更有助于激发社会资本进行创新。

三是其他项目优先支持。为充分发挥社会资本投资、建设、运营政社合作项目的积极性，如果社会资本对某一政社合作项目建设、运营得好，则以后在本区域内的政社合作项目会优先考虑社会资本。

第四章　政府和社会资本合作合同理论

政府和社会资本合作通过合同规定双边权利与义务。政府和社会资本合作涉及的主体多，且合作合同有不完全性，合同时间跨度长。公共服务特性和信息不对称性、不完全性，增加了合作合同的不完全性。政府和社会资本合作项目合同订立时，要清晰界定合同双方涉及的权利、义务，要考虑到能否执行、未来形势变化情况，兼顾合同的完备性与灵活性。合同履行时，要积极创造条件促使政府、社会资本自觉履行合同。一旦发生合同违约行为，要区分单一主体责任与共同责任，要突出违约中的过失责任。合同没有履行或不到位，对合同双方当事人和公共利益造成损失的，应分别对合同双方当事人和公共服务受益对象进行赔偿。在赔偿损失时，应由第三方机构客观公正认定损失。由于政社合作项目涉及到公共利益，当政社合作项目合同出现违约时，主要采取“继续履约、补救”方式。在对政府和社会资本合作立法时，应创造合作形成的条件，拓展合作形式与条件；积极创造付费方式，探索第三方付费模式和综合性项目付费方式，实施超额收益分享，加快项目落地；需要平衡公共利益与社会资本利益、财政利益之间的关系。

一、政府和社会资本合作合同的特征

（一）不完全性

政社合作合同不完全性表现为：（1）难以对公共服务质量加以完全考核。（2）以前没有签订过这样的合同，没有充分预计到未来合同情况，呈现不完备性。（3）没有对合同所有的情况进行预计，状态存在不确定性。（4）预计各种可能的状态有困难、成本高。（5）各自状态下的收益、损失的不确定性。

(6) 各自状态发生的概率不确定性。(7) 与在合同中纳入相关条款的困难没有任何关系，而是涉及强制执行合同条款的后续成本。特别是，如果向法院提供证据证明相关意外事故或者情况已经发生的成本非常巨大，那么该条款就不值得纳入合同之中。(8) 法院无法验证核实一些意外事故或者变量（比如努力程度等)。(9) 不完备的预期后果对合同当事人来说或许并无多大的危害。不完备也许根本无关紧要，没有必要写入合同。

（二）涉及多个相关合同

在市场经济和法治社会中，经济活动都会签订合同明确双方之间的权利义务关系，为当事人提供稳定预期。同样地，政府和社会资本合作提供公共服务以及在提供公共服务过程中所产生的经济活动，也会通过签订相关合同明确相关主体的权利义务。一般来说，政府和社会资本合作可能会涉及政社合作项目合同、股东协议合同、履约合同、融资合同和保险合同等。这些合同之间是相互联系，而不是孤立的。政社合作项目合同是其他合同的基础，也是整个政社合作项目合同体系的基础和核心。如果政社合作项目合同出现违约，可能会影响其他合同履行。

（三）时间跨度长

现阶段我国政社合作项目合作期限总体为 10—30 年。《关于进一步做好政府和社会资本合作项目示范工作的通知》（财金〔2015〕57 号文件）明确要求，政府和社会资本合作期限原则上不低于 10 年。2015 年 4 月 27 日，国家发改委、财政部等 6 部门共同公布《基础设施和公用事业特许经营管理办法》，此办法首次为政社合作项目设定最长 30 年的特许经营期限。政社合作合同期限长，增加了未来的不确定性与风险。

（四）涉及的主体多

政社合作合同涉及的主体既包括政府，又包括社会资本，还包括社会公众。政府作为重要的参与者，以多种角色参与政社合作项目。政府既是政社合作项目的“组织者”“实施者”，又是政社合作项目的“管理者”“合作者”。社会资本在政社合作项目中，也是重要的参与者。需要说明的是，社会资本既可以是单一的主体，也可以是几个组成的联合体，比如建筑企业与资金方联合组成联合体。政社合作项目的受益者是社会公众。政社合作项目受益的社会公众较多，且不同的社会公众的偏好、收入水平等存在差异，因此，对公共服务的需求呈现差异性，有的是偏好高质量、高价格，有的则是偏好低价格、高质量。

（五）公共服务特性增加了合同的不完全性

公共服务不同于市场服务。市场服务的评价是通过价格和竞争来体现的，而公共服务难以做到这一点，往往靠公众的评价来体现，由此增加了合同的不完全性。另外，政府、社会公众对公共服务合同难以完全监督，基本靠抽查。由于抽查存在一定的概率，社会资本可能利用抽查的随机性，采取对策行为，导致违约。

（六）信息不对称与不完全性

政府与社会资本都拥有信息优势。在政社合作项目签订前，在地方经济发展、社会、财政等方面，政府比社会资本更有信息优势；在政社合作项目签订后的履行阶段，社会资本对政社合作项目运营的收益、成本、风险，比政府、社会公众更具信息优势。在政社合作项目移交时，社会资本对项目资产情况及可能存在的风险，比政府更清楚。在有些情况下，政府可能了解政社合作项目运营中存在的风险，但不能确知风险多大以及风险带来多大的损失，这就是政社合作项目中的信息不完全性。

比如，自来水政社合作项目中，居民对自来水质量的信息少于自来水公司，自来水公司为了盈利目标，可能损害自来水质量，单纯依靠居民难以对政社合作项目质量进行全面、准确的评价，需要借助专业力量进行考核。

二、政府和社会资本合作项目合同的订立

（一）合同涉及的权利、义务条款要清晰

合同条款规定合同双方权利、义务，直接关系政府、社会资本的收益、成本、风险。因此，应对合同条款进行清晰、明确的界定。另外，对合同涉及的权利、义务条件进行清晰的界定，有助于合同执行、考核。合同涉及的权利、义务不清晰，容易发生道德风险行为，导致相关主体行为异化。

另外，清晰的合同条款有助于合同双方形成明确的预期。一旦政社合作合

同相关权利、义务条款明晰，则社会资本、政府能清楚计算未来的收益、成本、风险，有助于合同双方形成稳定的预期。

（二）合同订立要考虑到能否执行

合同不能被执行，损害的是政府和社会公众的利益，因为政社合作项目经历发起、准备、采购阶段，所耗费的时间成本多，需要的程序较长。如果政府和社会资本签订的合同不能执行，意味着政府的损失。因此，政府与社会资本方在签订政社合作项目合同时，需要充分考虑这一因素。

社会资本与政府签订政社合作项目合同时，也需要考虑政府的履约能力以及合同能否得到执行。社会资本一旦投入，就会发生支出，并成为沉淀成本。如果政府对政社合作项目合同难以执行（比如政府财政实力难以支撑对政社合作项目的付费），将会直接给社会资本带来损失。

（三）需要考虑未来形势变化情况

未来经济、社会形势不断变化，会直接影响政府、社会资本相关的利益、成本、风险等，因此，在订立合同时需要充分考虑，应增加应对未来形势变化的条款。比如：政策变化可能会影响社会资本利益，如何补偿社会资本？公共服务标准提高后，相关费用、成本由谁承担？这些问题应在合同中有所体现。

（四）兼顾合同的完备性与灵活性

合同形式格式化、内容标准化、预期稳定化，可以增加透明性、确定性和可预见性，减少谈判成本和缔约成本。但也可能用一些隐含的语言和强制条款、免责条款、失权条款等来减少自己的风险，将风险转嫁给相对人，使得合同对相对方不利。但合同过于完备，就会丧失灵活性。因此，签订政社合作项目合同时，需要兼顾政社合作合同的完备性与灵活性。在政社合作立法时，建议给予约定双方一定空间，不能规定太细、太具体，否则不利于社会资本创新。

三、政府和社会资本合作合同的履行

（一）合同履行与违约的情况

通常来说，合同履行与违约可以分为以下几种情况。

一是正常履行。政府、社会资本根据合同约定，正常、如期履行合同。二是不能履行。政府、社会资本因某种原因，不能履行合同。三是履行迟延（不完全履行）。履行迟延（不完全履行）主要表现为以下几种情况：（1）建设交付延迟履行，受客观风险因素，建设未按期完成，导致营运延迟履行。（2）瑕疵履行。政社合作项目建设质量、时间等不符合合同要求；政社合作项目运营质量、方法和方式瑕疵，时间与地点瑕疵以及其他不符合合同义务的行为。（3）应收账款延期或不足额支付，政府付费不及时。（4）政府没有在合同条款中写清楚价格制定，还有一种情况是企业的某些特许项目在进行精细化管理和技术改造后，成本明显降低。价格制定以成本为基础，使用者付费的价格随着成本降低而降低。政府核定价格时，倾向于降价，这样就会严重打击企业进行技术革新的主动性和积极性。四是拒绝履行。能履行合同，但明示不履行合同。

（二）违约责任划分

一是要区分单一主体责任与共同责任。按照违约承担主体划分，可以区分为单一主体责任与共同责任。如果是政府、社会资本一方违约，则属于单一主体责任；如果政府、社会资本都出现违约行为，则属于共同责任。

二是要突出违约中的过失责任。政府、社会资本在政社合作项目违约中都有责任，比如政府没有及时对政社合作项目支付、社会资本履行不当，可能是政府、社会资本的过失责任。因此，在划分政府、社会资本在政社合作项目中的违约责任时，需要区分是否属于过失责任，而不宜采取严格责任形式。严格责任制度不利于风险防范，政府、社会资本、居民都引致形成风险，引发损失，但未必都是主观故意。如果对社会资本采用严格责任，政府、居民会放松风险防范。因此，法律上应明确建立过失责任制度，有利于合作延续。

三是赔偿金额的确定。企业会考虑商品和服务影响消费者的使用成本和损失以及长期博弈的因素，会努力提高商品和服务的质量。而公共服务具有一定的垄断性，社会资本提供公共服务时可能会增加违约情况。

——没有履行合同，损失的是公共利益，是居民利益，但没有损害社会资本或政府的利益。如果受损者不能发现，没有赔偿，社会资本可能会将这样的风险置之不理。即便是受损者发现，没有人起诉，或者起诉门槛很高以及受损者人数很多，导致很多人搭便车，社会资本方也没有动力去降低这样的风险。应对这样的风险，应该鼓励社会监督，让社会力量监督合同执行，避免受益者监督中的“搭便车”行为。

——没有履行合同，既损害政府、社会资本的利益，又损害居民利益。损失如何衡量？如何赔偿？由谁来要求赔偿？建议由第三方机构客观公正认定损失。损失赔偿既需要追回政府付费部分，或使用者付费部分，又要对居民或使用者造成的损失进行赔偿。通过赔偿调整社会资本的行为。

（三）违约责任处理方式的选择

通常来说，违约责任主要有以下几种方式：（1）继续履行；（2）采取补救措施；（3）赔偿损失；（4）定金责任；（5）违约金责任。已有的理论认为，实际履行并不是违约的首要补救方法，而是居于辅助性地位，从而提出了有效违约理论。当实际履行有助于当事人实现其目标时，承诺应当履行。如果实际履行的成本，大于履行可能带来的收益，就不应履行。对于违约相对方而言，其订立合同的目的就是获得期待利益，因此，有效违约发生的一个首要前提，就是必须充分地补偿相对方的期待利益，使相对方不因履约而导致其期待利益的减损。也有理论认为，实际履行被确立为违约的首要补救方法。只有在“不能恢复原状或恢复原状已不足以赔偿债权人的侵害”和“恢复原状需要支付不相当的费用时，才可以通过金钱赔偿弥补债权人的损害。买卖契约的重点是物的交付。即使在履行过程中有瑕疵，请求支付标的物的权利仍然可以不受影响。如果特定的标的物已不可能交付（如发生了永久性毁损），作为一种替代或代位，买方可以不要求标的物而请求赔偿。金钱赔偿在这里被视为是对标的物的替代。

在政社合作项目合同中，应该主要采取哪种方式？我们认为，“继续履约、补救”是政社合作项目合同应采取的主要方式。理由如下。

一是从合同性质看，政社合作合同涉及公众利益，且公共服务具有一定的垄断性，终止合约而赔偿会影响公众利益，因此，最优选择是“继续履约，补救”。

二是赔偿的不充分性。公共利益有时难以完全衡量，存在法院如何认定损害问题。继续履约，可节省当事人的二次谈判成本。

三是赔偿的主观价值与客观价值的差异问题。对期待利益的精确确定常常是很困难的，因为市场价格所确定的价值与当事人主观上确定的价值并不一定相符合。

四是赔偿过程中会发生很多成本，例如双方的律师等诉讼费用、受害方重新进行交易所需要的成本，这些成本都是巨大的资源浪费，对双方都不利。

五是重视履约的诚信价值。社会资本、地方政府在参与政社合作项目时，应该注重诚信价值，更好的选择是继续履约。

四、促进政府和社会资本合作形成、维系所需要的激励相容条件

（一）政府和社会资本合作的形成、维系，需要激励相容

在微观层面，政府和社会资本合作形成、维系，应满足以下激励相容条件。

一是合作理性。政府和社会资本合作提供公共服务所产生的绩效，超过政府单独提供公共服务所产生的绩效。这是政社合作的激励前提。

二是机会均等。每个希望参与政社合作项目的潜在主体，都有相同的机会，并能够从中获得收益。公开透明是重要的激励条件。

三是收益与风险匹配。政府和社会资本合作提供公共服务，必须实现合理的收益、成本与风险分配，即收益共享、风险共治。促使政府与社会资本合作形成、维系的重要条件，就是让合作双方从政社合作项目均能获得收益并承担相应的风险。需要指出的是，政府和社会资本从政社合作项目中获得的收益，其表现形式是不同的。政府从中获得的收益主要表现为，提供数量更多、质量更好的公共服务，减少财政支出压力，促进经济稳定与发展，等等；而社会资本的收益则可能主要表现为，获得经济利益、声誉和增信、品牌效应等。由于政社合作项目存在各种主观、客观等风险，为促进政府和社会资本合作，需要政府、社会资本双方进行合理的风险分配。对不能预期的客观风险，需要双方共同应对；对政府、社会资本双边行为风险，需要双边共同防范、化解。

运用政社合作方式提供公共服务的效率、质量，可能比政府单独提供更高，但也有成本，尤其在缺乏合作经验的情况下。比如政社合作项目完成准备、识别、采购、执行等阶段，所需的时间比较长，交易成本比较高。运用政社合作方式将会重新分配风险，这种方式虽然降低了一些风险，比如降低政府当前的财政风险与压力，但如果操作不当，也可能会给未来带来新的财政风险。因此，运用政社合作方式提供公共服务，还是政府单独提供公共服务，取决于不同领域以及不同公共服务项目，应对两种方式的效率、成本和风险进行比较，不能一概而论。

（二）增强地方政府合作提供公共服务的动力

有些公共服务运用政社合作方式提供的效率比较高、成本较低、风险也不

大，但从全国来看，也有地方政府及其相关部门的积极性不高。这主要表现为“三怕”：（1）怕麻烦。长期以来，部分公共服务项目依靠地方融资平台融资，这种形式比较简单，决策快、效率高。而政社合作的过程较长、环节较多、程序较复杂。地方政府及其相关部门主观上，有怕麻烦的心理。（2）怕失权。有些主管部门怕实行政社合作之后，社会资本控股，丧失了管理的控制权。（3）怕担责。政社合作项目涉及多个领域，专业性很强。政社合作项目涉及的土地、税收、财政支持等方面的政策尚未明确，地方政府相关部门对此把握不准，害怕承担相关责任。

五、创新政府和社会资本合作项目的付费方式

（一）固定价格合同可能有助于激励社会资本创新

政府付费，相当于一定期限内经费包干制或固定合同，有助于激励社会资本积极使用先进技术，节约成本，获得创新的收益。

对于使用者付费，如果使用者数量固定、价格固定，社会资本为了实现利润目标，也会积极推进创新，降低成本。如果价格是固定的，但使用者数量可以扩大，社会资本既有积极性创新、降低成本，又会努力扩大使用者数量。

（二）对政府和社会资本合作项目的超额收益实施分享，有助于激励社会资本创新

有人提出对政社合作项目的超额收益进行限制，防止因使用者需求激增或收费价格上涨，导致社会资本获得超额收益。我们认为，需要区分超额收益来源，采取相应的激励措施。为充分发挥社会资本的积极性，激发其创造力，可以让社会资本分享由其努力、创新政社合作项目运营而获得的超额收益。

一是建立浮动收益制度。为充分体现社会资本在政社合作项目中的贡献，可以按照努力与收益匹配原则分配超额收益。如果社会资本依靠运营努力、创新而取得政社合作项目的超额收益，可以全部归属于社会资本；如果是政策因素导致政社合作项目的超额收益，不能归属于社会资本。

二是实施跨期平衡策略。为增强社会资本创新的动力，可以在前期允许社

会资本获得相对低一点的回报，在政社合作项目运营中后期获得相对高一点的回报。这样更有助于抑制社会资本的短期行为，减少捞一把就走的倾向，鼓励着眼于未来创新经营。

三是其他项目优先支持。为充分发挥社会资本投资、建设、运营政社合作项目的积极性，如果某一政社合作项目建设运营得好，以后在本区域内的政社合作项目优先考虑，体现诚信价值。每一个项目机械地套用采购程序，不区分采购对象过去的诚信表现，看似公平，实则是逆向淘汰。

（三）积极探索第三方付费模式

目前，政社合作项目付费主要有使用者付费、政府付费和可行性缺口补贴三种模式，积极探索由政府、社会资本之外的第三方付费，具有重要意义。

一是有利于创新政社合作项目付费模式。在政社合作实践中，政社合作项目是公共资源，项目本身具有一定的商业开发价值。将政社合作项目资源所具有的商业价值开发出来，形成盈利模式，是有探索空间的。

二是有利于加快政社合作项目落地和降低财政负担。政社合作项目落地面临的困难，与项目的收益水平有较大的关系。积极探索政社合作项目的第三方付费模式，挖掘项目潜在的商业价值，有助于加快政社合作项目落地，提高社会资本的积极性。对政府而言，探索出政社合作项目的第三方付费模式，不需要相关财政补助，政府也有积极性。第三方付费，比如德国公厕运营，是一个可借鉴的案例。

六、方便社会资本退出

（一）社会资本能否退出

有人认为，社会资本在政社合作项目中不能随便退出。我们认为，如果社会资本不能退出，进入就不会有积极性。如果社会资本不能退出，也会增加融资困难。有些股东（小股东）需要流动，实现期限错配。另外，社会资本不能退出，会失去外部机会收益。对社会资本参与政社合作项目时，允许退出，但可以有一定的时间限制；几个社会资本联合参加政社合作项目时，对主要股东可以进行约束，但对于小股东可以允许自由退出。

（二）社会资本退出的方式

由于政社合作项目涉及项目设计、工程建设、设备供应、融资安排、运营管理等多个环节，社会资本往往以多家联合的方式参与政社合作项目，要求政社合作项目建立灵活的退出机制。在目前法律框架下，政社合作项目退出方式主要有以下类型。

1. 按照项目生命周期退出

在正常情况下，社会资本通过项目运营所产生的收益逐步收回投资，并在项目运营期届满时，按政社合作项目合同约定条件退出。对于社会资本而言，这种退出方式的优点，是投资回报预期明确、不额外增加退出成本，但缺点是退出期限长、投资回报相对固定。

2. 按照合同到期退出

在建设—运营—移交（BOT）方式下，社会资本在运营期限届满后向政府移交项目资产，为典型退出方式。

3. 股权变更

股权变更是社会资本退出政社合作项目最为直接的方式。事实上，在社会资本履行完项目关键职责后，股权变更不失为一种便捷退出方式。在资本市场不发达、项目体量偏小的情况下，往往是社会资本的最佳选择。股权变更的优点是操作简便快捷，且易于控制，但缺点是政社合作项目合同限制较为严格，股权流动性较低。

4. 政府回购

政府回购是在一定条件和期限下政府受让社会资本在政社合作项目上的权益，这是我国建设项目传统的退出机制。在建设—移交（BT）方式下，政府或其指定持有单位在项目竣工验收合格后，以约定价格直接向建设单位购买项目资产，或者项目公司股权。在生命周期较长的项目中，在触发政社合作项目合同的回购条款时，政府往往有义务、或权利回购社会资本的项目权益。

在收益偏低、风险偏高的政社合作项目中，政府回购承诺是最为关键的项目增信措施。政府回购的主要功能在于覆盖社会资本的投资风险敞口，实现项目健康稳定运行。回购价格偏低，往往只能满足社会资本回收成本及最低回报的要求，但政府信誉极大提升了回购的可执行性。

5. 上市交易

在满足首次公开发行股票及上市交易（IPO）的条件下，社会资本也可以通过在证券市场上出售项目公司股票来实现投资回报。在多层次资本市场中，项目公司在“新三板”或者地方产权交易市场上挂牌出售股份，与 IPO 退出机制相似。由于公开市场的高流动性和高估值效应，对社会资本而言，上市退出是一种最佳的退出方式。

由于股票市场具有高流动性和估值效应，项目公司股份上市公开交易是社会资本最为青睐的退出方式。但是，股票上市交易的条件严格、程序复杂、成本高昂，符合上市条件的政社合作项目数量有限，特别是在我国证券市场实行核准制的情况下，单一政社合作项目上市的成功率难以预期，故这一退出方式的适用空间有限。

6. 资产证券化

在项目现金流稳定的情况下，项目公司也可以将项目资产或者项目资产组合（基础资产）出售给特殊目的载体（SPV），特殊目的载体再公开发行该基础资产收益权支持的证券产品，将该证券出售给公众投资者。这种方式适用于项目公司无法满足上市主体条件，但项目资产收益稳定的情形。

资产证券化具有资产支持和风险隔离两大特征。资产支持是指所发行证券有特定资产作为担保和以该资产收益权作为回报来源，经营性和准经营性政社合作项目投资周期长、现金流稳定，天然适合作为资产证券化的基础资产；风险隔离是指基础资产权属由项目公司剥离出来，通过信托等破产隔离机制阻断项目公司风险，从而保障公众投资人的投资安全。资产证券化通过将项目收益权拆细出售的方式，大幅提高了项目权益的流动性和项目融资效率，但基础资产转让可能面临政府的审批障碍及较高的税务成本。从发展趋势来看，资产证券化未来将是政社合作项目中社会资本退出的重要途径。

（三）对社会资本退出的管理

从社会资本角度看，允许社会资本自由退出，可激发社会资本参与的积极性。由于政社合作项目涉及到公共利益，所以对社会资本退出不能过于宽松，应有限定条件。

社会资本方完全退出，由新的社会资本方来承接政社合作项目，需要政府管理。理由是：（1）外资进入公共服务领域，有些领域有股比限制等要求，需要政府批准。（2）政社合作项目涉及公共利益，影响面广、范围大，如果运营失败，会给社会稳定带来负面影响。（3）政府通过招标、政府采购签约的社会资本方，尤其是涉及行政许可的特许项目，更需要政府同意。《中华人民共和国行政许可法》第九条规定，依法取得的行政许可，除法律、法规规定依照法定条件和程序可以转让的外，不得转让。《中华人民共和国招标投标法》第四十八条规定，中标人应当按照合同约定履行义务，完成中标项目。中标人不得向他人转让中标项目，也不得将中标项目肢解后分别向他人转让。中标人按照合同约定或者经招标人同意，可以将中标项目的部分非主体、非关键性工作分包给他人完成。接受分包的人应当具备相应的资格条件，不得再次分包。《中华人民共和国政府采购法》第四十八条规定，经采购人同意，中标、成交供应商可以依法采取分包方式履行合同。政府采购合同分包履行的，中标、成交供应商就采购项目和分包项目向采购人负责，分包供应商就分包项目承担责任。第五十条规定，政府采购合同的双方当事人不得擅自变更、中止或者终止合同。政府采购合同继续履行将损害国家利益和社会公共利益的，双方当事人应当变更、中止或者终止合同。有过错的一方应当承担赔偿责任；双方都有过错的，各自承担相应的责任。

七、对政府和社会资本合作立法的建议

（一）立法需要考虑政府和社会资本合作形成的条件，拓展合作形式与条件

可以资本、土地使用权、运营技术等参与合作。对土地使用权、运营技术、人力资本等参与合作时，事先需要经过评估作价。需考虑地方政府运用政社合作方式提供公共服务的动力，防止地方政府在推进政社合作中的对策行为。

积极鼓励社会资本创新商业模式。为充分发挥社会资本的积极性，应允许社会资本从政社合作项目获得超额收益，比如建立浮动收益制度、实施跨期平衡策略、其他项目优先支持或优先合作等。积极支持社会资本探索第三方付费模式。

（二）立法应侧重合作合同双方行为风险

政社合作合同有不完全性，由多个合同组合，合同时间跨度长，涉及的主体多，合同提供的是公共服务，扩大了合同的不完全性。事前、事中和事后都存在信息不对称与不完全，容易引发政府、社会资本的对策博弈行为，因此，

政社合作立法要重点分析政府、社会资本的行为风险。政府、社会资本都会有道德风险行为。在政社合作合同中，既要防止社会资本利用公共利益要挟政府，损害公共利益而扩大自身利益，也要防止政府的违约行为。

（三）应重点关注合同订立、履行、违约处理和合同解除

在政社合作合同订立上，合同涉及的权利、义务条款要清晰，合同订立要考虑到能否执行、时间和主体边界行为、未来形势变化情况，兼顾合同的完备性与灵活性。

在合同履行上，区分履行不能、履行迟延（不完全履行）、履行拒绝情形，合理划分违约责任，突出违约中的过失责任。对违约造成的损失，应设计赔偿条款，合同没有履行或不到位，对合同双方当事人和公共利益造成损失的，应分别对合同双方当事人和公共服务受益对象进行赔偿。在赔偿损失时，应由第三方机构客观公正认定损失。运用最优违约金，激励政府、社会资本双方积极履行合同。当合同约定不完备时，引导过多的不完备合同得到履行的违约赔偿，或引导不完备合同得到履行的足够高的赔偿，对于合同双方当事人来说通常是不可取的。

通常来说，违约责任主要有继续履行、采取补救措施、赔偿损失、定金责任、违约金责任。我们认为，“继续履约、补救”是政社合作项目合同应采取的主要方式。

在社会资本退出时，应明确运营收益、政社合作项目合同到期、股权变更、政府回购、上市交易、资产证券化等几种方式退出。由于政社合作项目涉及公共利益，所以对社会资本股权变更要给予一定的限制。

（四）需要平衡公众利益与社会资本利益、财政利益之间的关系

政社合作项目要体现公共服务的要求，但不等于不能盈利。营利性与公益性是可以融合的。

政社合作立法兼顾公众利益与社会资本利益、财政利益，实现统筹平衡。既注重社会资本的利益，让社会资本有参与政社合作项目的动力；又要注重政社合作项目的公共性，防止过分注重社会资本的营利性而影响公共利益；还要防止短期减轻财政压力而盲目搞政社合作项目。

第五章 政府和社会资本合作相关主体的行为

主体目标决定其行为。政府、社会资本和公众是政府和社会资本合作（政社合作）的重要参与主体。分析政府、社会资本、居民三大主体行为需要从其目标出发。政府、社会资本与居民既具有“经济人”的特征，有其利益诉求，又有“社会人”的特征，有履行社会责任的意愿。政府、社会资本、居民履行社会责任的表现方式不一样，政府加快推进政社合作项目是为了追求公共利益，社会资本参与政社合作项目是为了实现社会价值。因此，政府和社会资本、居民在政社合作项目的身份具有多重性，行为必然具有复杂性、多变性。政府既是政社合作项目的参与者、合作者，又是监督者、规划者，社会资本主要是政社合作项目的参与者、合作者，居民是政社合作项目的受益者、监督者。政府、社会资本和公众这三大主体都可能从政社合作项目中获得收益、支付成本、承担相应风险，但从政社合作项目中获得的收益、分摊的成本、承受的风险呈现不均衡性。地方政府、社会资本为了实现其目标，可能会出现事前和事中、事后道德风险行为，甚至还会出现地方政府、社会资本、公众之间的合谋行为。因此，在政社合作立法时，事前应防止社会资本低价竞争、围标，事中、事后应防止政府、社会资本道德风险行为，防止政府与社会资本、居民的合谋行为，应充分考虑地方政府、社会资本的对策行为。

一、政府和社会资本合作中的主要参与主体及其目标

（一）政府及其目标

1. 政府获得的收益

政府积极推进政府和社会资本合作，能获得的收益主要包括：一是促进公

共服务提供效率的提升。运用政府和社会资本合作方式提供数量更多、质量更好的公共服务。通过竞争方式选择社会资本方，有助于提高效率。二是为公共服务提供融资。无论是运用政府和社会资本合作方式提供存量公共服务项目还是新建公共服务项目，均可以缓解地方财政压力。三是促进稳增长、调结构、转方式。政社合作项目投资大，能促进当地经济发展，改善公共服务结构。运用政府和社会资本合作方式有助于促进政府在公共服务供给领域，从生产、提供公共服务向对公共服务的规划、设计、监管等转变。四是社会收益。运用政府和社会资本合作方式，充分发挥社会资本的优势，有助于改善生态环境。

2. 推进政府和社会资本合作涉及的政府部门

推进政府和社会资本合作，涉及的政府部门既有财政、发改等综合部门，又有教育、科技、民政、环境保护、住房城乡建设、交通运输、水利、农业、卫生计生等行业主管部门。政府相关职能部门在推进政社合作时目标呈现差异性，财政部门侧重于为公共服务提供融资、降低政府债务、提高公共服务效率等，而其他行业主管部门可能侧重从本部门职能角度，更好地提供公共服务。不过，也可能会有相关政府职能部门担心推行政社合作模式会影响手中的权力与资源，推进政社合作模式的动力不足。

3. 地方政府

推进政府和社会资本合作的重要主体是地方政府及其相关职能部门。地方政府及其相关职能部门推进政社合作的目标包括促进公共服务提供效率的提升、为公共服务提供融资、促进稳增长、调结构、转方式、增加社会收益等。但在地方政府推进政社合作时，行为呈现“两面性”，既有积极性，也可能存在动力不足，即存在推进政社合作的“三怕”——怕麻烦、怕失权、怕担责。

（二）社会资本及其目标

社会资本参与政社合作项目能获得的收益主要包括：一是获得长期的、稳定的投资回报。政社合作项目的合作期限长，社会资本的报酬率虽然不高，但长期相对稳定。这是社会资本参与政社合作项目的重要目标。二是获得投资机会。鼓励社会资本参与投资基础设施和公共服务领域，企业通过参与政社合作项目，可以获得在基础设施和公共服务领域的投资机会。另外，社会资本参与政社合作项目，也能提升企业形象、显示实力，可能有助于获得其他的投资机会。三是拓宽业务领域。政社合作项目一般涉及的领域多，包括施工、建设和运营、金融等，社会资本参与政社合作项目可以拓宽社会资本的业务领域。

四是展示履行社会责任形象。政社合作项目涉及的都是公共领域，企业参与政社合作项目除了获得一定的经济收益之外，也是履行社会责任的一种较好的方式。通过参与政社合作项目，展示履行社会责任形象。

（三）公众及其目标

公众在政社合作中的身份可能具有多样性：（1）公共服务的受益者。部分居民可能是政社合作项目的直接受益者，也有部分居民是政社合作项目的间接受益者。（2）政社合作项目投资者。个别政社合作项目可能吸引当地部分居民参与投资，居民此时就是投资者。

公众推进政社合作项目的目标是，希望政社合作项目能提供质量更高、数量更多的公共服务。如果公众既是政社合作项目的受益者，又是政社合作项目的投资者，可能会综合考虑从政社合作项目获得的公共服务情况与获得的投资收益情况。

二、政府和社会资本合作的收益与成本、风险分布

虽然政府、社会资本、居民三大主体都可能会从政社合作项目中获得收益、支付成本、承担相应的风险，但这三大主体在政社合作项目中获得的收益、成本和风险呈现差异性。

（一）政社合作项目的直接收益与成本、风险

政社合作项目可以带来的直接收益包括：一是经济收益。比如政社合作项目带来公共服务质量的提高，提供了更多数量的公共服务；政社合作项目落地，会涉及较大规模的投资，会直接拉动经济增长；政社合作项目涉及的是公共服务，政社合作落地会促进第三产业发展，改善经济结构。二是社会收益。比如政社合作项目带来了当地就业，提高了居民收入，改善了收入分配差距，等等。三是生态环境收益。有些环境类的政社合作项目，可以起到改善环境、减少污染等作用。

实施政社合作项目可能存在的直接成本：一是运用政社合作模式的成本。运用政社合作模式提供公共服务，需要经历项目的识别、准备、采购等阶段，需要较长时间。二是政府付费或使用者付费。不论是政府付费的政社合作项目，

还是使用者付费的政社合作项目，政府付费、使用者付费都是政社合作项目的直接支出，也是政社合作项目的直接成本。

政社合作项目涉及的风险包括：一是经济、社会、生态环境、自然等风险。由于政社合作项目提供的是公共服务，用于防范经济、社会、生态环境、自然等风险，因此，政社合作项目必然涉及经济、社会、生态环境、自然等风险。二是财政风险。虽然运用政社合作模式提供公共服务可能减少财政风险，但如果政社合作模式不成功，可能增加未来的财政风险。因此，政社合作项目必然涉及财政风险。

（二）政社合作项目的收益、成本、风险可能呈现外溢性

政社合作项目的收益、成本、风险外溢到直接受益对象之外的主体。政社合作项目的收益有时会外溢到政社合作项目所在地区之外，使得政社合作项目的收益呈外溢性。比如环境质量改善，会通过空气流动、水的流动等途径，直接改善其他地区的环境质量。

政社合作项目的收益、成本、风险外溢性包括正的外溢性与负的外溢性。某地政社合作项目落地，改善当地的公共服务，会对其他地方的资源产生吸附效应，从而不利于其他地区的发展。这就是政社合作项目产生的负外溢性。比如某条高速公路修建改变某地的交通优势，有利于当地发展，但改变了其他地区的交通优势，对其他地区带来负外部性。某政社合作环境项目，不仅改善了本地环境，还间接地改善了其他地区的环境，这就是政社合作项目所产生的正外溢性。

（三）政社合作项目的收益、成本、风险的跨期分布

政社合作项目一般在 10 年以上，政社合作项目建设可能需要 2—3 年时间。政社合作项目建设完成并运营，其收益才开始产生，项目建设质量的风险可能在以后逐步显现。因此，政社合作项目投入成本与获得的收益、承受的风险之间呈现不一致性，政社合作项目的投入在先，获得的收益、承受的风险在后。

（四）政府、社会资本与居民从政社合作项目中获得的收益、分摊的成本、承受的风险呈现不均衡性

政府、社会资本、居民都能从政社合作项目中获得收益，但这三大主体获得的收益、分摊的成本、承受的风险可能呈现不均衡性。政府可能从某些政社

合作项目中获得的当期收益多，而社会资本、居民从某些政社合作项目中获得的未来收益多。某些居民可能从政社合作项目中获得的收益多，另外一些居民可能在政社合作项目中获得的收益少，甚至有所损失。社会资本从参与政社合作项目建设开始，直至项目结束，都承受较大的风险；政府在政社合作中虽然承担风险，但将部分风险转嫁给了社会资本，比如将项目运营风险转给了社会资本。

另外，不同的地方政府从政社合作项目中获得的收益、分摊的成本、承受的风险不一样。比如对于全国性的政社合作项目，有些地方因处于政社合作项目所在的核心区域而获得的收益可能较多，有些地方因处于政社合作项目所在的外围区域而获得的收益可能较少，甚至有的地方还会因为某项目的建设而改变其在全国的地位，产生相对损失。

三、社会资本、政府可能存在的行为

（一）社会资本的行为

1. 事前行为

社会资本事前行为，主要是指在政社合作项目签约前的行为。社会资本为中标政社合作项目，事前可能会采取以下一些行为：（1）低价竞标。社会资本为中标政社合作项目，可能会运用低价策略进行竞争，比如要求较低的资本回报率。（2）围标政社合作项目。社会资本为中标政社合作项目，可能与其他社会资本联合（合谋）进行围标，可能高价围标，也可能低价围标。（3）其他行为。社会资本为中标政社合作项目，一般会在项目规划、识别、准备等阶段较早介入，还可能在事前作出各种各样承诺。

2. 事中、事后策略行为空间

社会资本事中、事后策略行为是指政社合作项目签约后，社会资本会可能采取的行为。相比事前行为而言，社会资本的事中、事后行为更为复杂，行为空间更多，主要包括两大类。

一是认真履行合同，积极创新，挖掘创新的收益，降低成本和风险，主要包括以下行为：（1）积极创新以节约成本、降低风险。为降低成本和风险，社会资本会积极推进创新，比如在管理方式、技术、融资方式、多使用机器减少劳动力等方面实施创新。(2) 根据需要，灵活地对规划、建设、维护、运营等环节采取一体化形式或将其分离出去。社会资本是将规划、建设、维护、运营等环节采取一体化形式，还是采取分离形式，依据不同的政社合作项目的实际需要。在有的政社合作项目中，社会资本为降低总体成本，可能愿意总承包。在建设、运营过程中，社会资本可能根据需要，将部分环节外包出去。有些社会资本即便是低价中标，也可能通过项目建设、施工获得利润，弥补运营环节的成本；社会资本可能擅长项目建设、施工，将运营环节外包给专业公司或引入专业力量进行运营；也有的社会资本为降低政社合作项目总成本，将规划、建设、维护、运营等环节一体化。(3) 积极培育市场需求。社会资本可能有积极性做好相关市场，培育市场需求。比如一些企业发展经济，能把市场需求做起来。

二是违约行为。社会资本签订政社合作项目合同后，可能存在违约行为，主要包括：(1) 降低公共服务质量、减少公共服务数量。对公共服务提供的质量存在信息不对称或不完全时，社会资本更可能存在违约的可能。(2) 违反合同规定，将工程或服务转包。(3) 要求政府调整相关合同条款。社会资本以低价竞标的政社合作项目，在政社合作项目合同执行阶段，要求修改政社合作项目合同条款。(4) 以公共利益要挟地方政府行为。因为政社合作项目涉及公共利益，社会资本为实现其利益目标要求地方政府修改相关合同条款，甚至以公共利益为名要挟地方政府。

对不同类型的政社合作项目中，社会资本可能采取不同的行为。对于价格不能随意调整、供给数量相对固定的公共服务，社会资本降低成本就是最优的方式。为降低成本，社会资本可能采取的策略行为有：(1) 压低甚至是拖欠员工工资，导致员工出工不出力；(2) 压低原材料价格，原材料供应商为了获得利润，也会供应低质低价的商品，这将影响公共服务质量；(3) 银行贷款不还，比如高速公路通过贷款来修建的，当高速公路客流量不大，靠收费不能支付利息时，最优的结果是赖账、不还款（不还本）。

对于价格和供给数量都可以调整的公共服务，社会资本策略空间包括：(1) 优质提供公共服务，对公共服务收取高价，高投入；(2) 低质提供公共服务，对公共服务收取低价，低投入。社会资本根据使用者需求，进行选择，比如教育、医疗等。对于消费者可以自行选择，以脚投票的情况，在引入社会资本的情况下，如何选择？

在招标、签订合同过程中，社会资本可能以“低的公共服务价格 + 高质量提供公共服务”中标，但由于社会资本为了获得利益以及公共服务的特性，社会资本将隐藏服务质量信息，使得进入“低的公共服务价格 + 低公共服务质量”均衡状态。

对于价格不能调整、消费数量可能变化的公共服务，社会资本的策略空间可能是：未来的市场需求依赖当地经济发展，未来市场需求存在不确定性。社会资本可能有积极性做好相关市场，培育市场需求。比如一些企业发展新业务，能把市场需求做起来。

3. 社会资本违约行为与能否得到追究和惩罚的预期有关

社会资本是否履行合同，在很大程度上依赖违约行为能否得到追究。如果社会资本违约却没有得到追究，社会资本最优的行为必然是违约。如果社会资本违约能被及时发现并被制止，带来的损失足额赔偿，社会资本最优的行为必然是认真履行合同。

（1）需要清楚界定违约行为。在政社合作项目合同中，必须清楚界定在建设、运营、移交等阶段的权利、义务，包括建设工期，建设质量标准，运营服务期限，运营服务内容，服务的时间、质量等。

（2）违约能及时被发现。如果社会资本在政社合作项目建设、运营任何阶段，出现没有完全履行合同情况能被及时发现，而且社会资本预期到这种违约行为能被发现，违约成本高，就会认真履行合同。如果提供公共服务质量没有达到合同要求，难以被发现，社会资本最优的选择是违约。

需要说明的是，公共服务的特殊性质，增加了社会资本违约的可能性。一是公共服务的生产与消费同步进行，增加了认定违约的难度。公共服务不同于市场产品，增加了对公共服务质量违约进行认定的难度。二是公共服务提供主要与人力资本有关，人力资本的素质、能力与态度共同决定公共服务的质量，提供服务的质量存在不稳定性。三是公共服务质量与受益对象配合也有关。公共服务质量不仅与提供方紧密相关，还与受益方配合相关。比如，教育质量好坏不仅取决于老师的努力，还与教学设备投入有关，与学生生源质量有关。好的学生生源，容易达到较好的教学效果。因此，对公共服务质量评价，不能完全依赖受益对象的评价，还要看过程。有些公共服务可以通过设施间接加以体现，比如高速公路的路况、医院的医疗设备、学校的教学设施等。

（3）违约后社会资本能否得到惩罚。如果社会资本违约后，能够及时受到惩罚，社会资本将会及时调整行为，违约可能就难以发生。另外，需要考虑到社会资本是否有能力承担违约带来的损失。如果社会资本没有履责能力，一旦违约的收益比较高，社会资本就会违约。

（二）地方政府的行为

地方政府的行为空间比较多，既包括认真履行合同的行为，也包括以下各种行为。

1. 短期行为

地方政府领导有行政任期，地方政府希望在本任期内实现收益，就会产生短期行为。比如希望任期内政社合作项目落地；没有认真做好政社合作项目论证与可行性分析；加快项目上马，将风险与成本留给以后；地方政府把政社合作项目当成基础设施的融资工具和化解地方债务风险的工具。地方政府热衷上马短期内投资大、能拉动经济且经济效果明显的政社合作项目。

2. 事前道德风险行为

地方政府为了尽快将政社合作项目落地，会隐藏对其不利的信息，比如当地未来发展条件、产业潜力、财政能力、潜在风险等信息。

3. 地方保护主义行为

地方政府将收益较好的政社合作项目，留给本地国有企业做；对于项目收益相对较差的政社合作项目，引进外地的社会资本参与。这种地方保护主义，使政社合作项目失去了潜在的优质合作者，不利于发挥政社合作模式应有的作用。

4. 跨区域、跨主体合作难以推进

涉及到跨区域、跨主体的政社合作项目，地方政府或其职能部门担心获得的收益不多而缺乏动力，使得跨区域、跨主体合作难以推进。

5. 地方政府违约行为

地方政府在政社合作项目中的承诺难以兑现。需要指出的是，有些是客观原因导致地方政府改变承诺。比如地方政府承诺只在河上修一座桥，社会资本相信这一承诺并进行投资。随着经济发展，车流量增大，一座桥不能满足城市发展需要，需要另外修建一座桥，这样就分流了车流量。

6. 推进政社合作的动力不足

地方政府推进政社合作模式时，并不是所有部门都有积极性和动力推进。有些相关职能部门担心推进政社合作模式会影响手中权力，担心未来资源配置权流向社会资本，担心社会资本提供公共服务存在风险隐患。这些担心使得部分地方政府推进政社合作动力不足。

（三）政府、社会资本、居民之间的合谋行为

通常来说，政府、社会资本、居民这三主体会有以下合谋行为。

1. 社会资本与政府之间合谋行为

社会资本与政府合谋，主要表现为以下几种情况：（1）在政社合作项目设计、招标等阶段的合谋行为。在项目设计时，设计固定回报形式，名义上是政社合作项目，但无政社合作项目之实，为社会资本短期内回收投资而设计固定回报和回购政策。在招投标前，政府和社会资本一起商量采取哪种采购方式（竞争性谈判还是招投标），虽然有助于实现中标目的，但可能会存在社会资本与政府合谋操纵政社合作项目识别、准备、采购、执行等情况。（2）在政社合作项目执行阶段的合谋行为。政府变相给予社会资本财政支持，以各种理由支付财政补贴。虽然仍执行政社合作合同，但政府以其他理由支付财政补贴给社会资本。政府与社会资本合谋，修改部分合同条款，损害公共利益。对于使用者付费的政社合作项目，社会资本以物价上涨为由，和政府合谋提高收费。尽管调价程序非常公正，如经过听证会等程序，但左右了参与听证过程（提前打了招呼），使得调整公共服务价格得以顺利进行，最终社会资本获得更多收益，但使用者获得的收益有限。（3）社会资本与政府在融资环节进行合谋。社会资本利用政社合作项目用地获取银行贷款，按理是按照项目进度获得银行贷款，但社会资本一次性获得银行贷款，套现走人，害了政府。

2. 政府与居民的合谋

政府与居民合谋，居民以公共服务质量不高，对项目提出挑剔性意见，政府以居民不满意政社合作项目提供的公共服务质量为由，赶走社会资本。

3. 居民与社会资本的合谋

在使用者付费的政社合作项目中，政社合作项目绩效主要由使用者评价。社会资本为了获得较好的评价，可能对部分使用者进行“变相支付”，获得较好的评价，形成使用者与社会资本之间的合谋。政府付费的政社合作项目，其项目绩效也需要对居民进行调查。社会资本为了获得较好的评价，也可能会对居民进行单边支付。

以上合谋形式都不利于政社合作模式应有作用的发挥。政府和社会资本合谋，政府变相给社会资本补助，牺牲了国家利益；居民与社会资本合谋，社会资本对居民变相支付，部分居民为一己私利对政社合作项目作不真实评价，牺牲了公共利益。这些可能的合谋行为需要防范。

四、社会资本的有限履责能力、投资不可逆可能产生的相关行为风险

（一）社会资本的履责能力有限，可能产生行为风险

问责本意是通过惩罚来调整行为，从而通过有效防范来阻止灾害生成。如果不能事前成功阻止，那么事后的问责与损害始终是不对称的。法律责任是有限的，法律有时效和主体约束。超时约束没有追溯力，法律难追究历史责任；法律对已灭失企业和自然人无约束力；法律也受到经济、政治约束。法律执行需在信息、检查概率、惩罚水平、执法成本与收益间权衡，最优执法未必是对所有案件不遗余力。违法惩罚包括举报、取证与甄别、起诉、判决、执行、补偿等程序，其中每一步受到成本和行为选择影响。

公共服务提供的风险一旦产生损失，需要社会资本进行赔偿。社会资本自身赔偿能力有限，最终的风险需要由政府来兜底。比如在实践中，民营企业承担粮食储备职能，私自将粮食买出去，导致最后责任由政府兜底。因此，社会资本参与政社合作项目时，应对社会资本有限履责能力的风险和行为提前进行应对与防范。

（二）投资不可逆性可能会加大社会资本投资风险，引发地方政府的道德风险

政社合作项目投资具有专用性特征，投资一旦发生，就可能产生沉没成本，比如购买的设备、建设相关投入一旦发生难以再撤出，会产生巨大的损失。正因为政社合作项目投资的不可逆，地方政府利用这一特征，可能会产生事后道德风险行为，比如政社合作项目合同中的相关承诺兑现不够，兑现不及时，政策加码，等等。

（三）对社会资本、地方政府的承诺约束

1. 对社会资本的行为约束

政府完成政社合作项目识别、准备、采购等需要不少成本，为防止社会资本低价中标后不签订合同或不执行合同，从而影响公共服务及时提供，在招投

标环节，应缴纳政社合作项目投资一定比例的保证金，防止社会资本违约。以缴纳保证金作为诚信的承诺，如果社会资本违约，则没收保证金。

若在建设阶段有较多投入，运营环节则不需要缴纳保证金；如果只负责运营环节，则需要缴纳保证金以约束社会资本行为。招投标阶段所支付的保证金，可以用于政社合作项目建设。

关于以土地作为抵押进行融资问题，如果地方政府以土地入股，社会资本以资金入股，成立项目公司提供公共服务，此时不能以土地为抵押进行融资。如果以土地为抵押来融资搞建设、运营，则与政府主导提供公共服务没有本质差别。如果社会资本以出资购买的土地入股，与其他社会资本一道提供公共服务，此时土地可以抵押融资。

2. 对地方政府的行为约束

在政社合作项目中，地方政府比社会资本处于更有利的讨价还价地位。另外，地方政府换届，可能会使得地方政府以前的承诺难以兑现。因此，约束地方政府行为很重要。基本方向是推进地方政府行为法治化。地方政府要强化契约意识，依法履责，合同执行过程的争议按照法律途径解决，给社会资本形成稳定的预期。

五、对政府和社会资本合作立法的建议

（一）事前应防止社会资本低价竞争、围标

为防止社会资本低价竞标和围标，应在政社合作法中进行应对，比如规定不能低于正常价格竞标政社合作项目，在全国范围内招标政社合作项目，防止社会资本进行围标。如果社会资本以低于正常价格竞标政社合作项目，必须由社会资本清楚阐述其商业模式，且要缴纳投资额一定比例的保证金，以缴纳的保证金约束社会资本事后要求调整相关条件。

（二）应防止政府、社会资本事中、事后的道德风险

为防止社会资本在履行合同中出现违约行为，在政社合作项目中，政府的一项重点工作就是对社会资本加强监督，及时调整社会资本行为。

与此同时，应对政府行为加强法律约束，加快推进政府行为法治化。如果

社会资本与政府在政社合作项目中发生争议，难以通过协商方式解决，应立法明确司法救济途径。如果经济社会形势发生重要变化，需要增加同类公共服务，应优先考虑现有参与方，参与投资、建设、运营拥有优先权。

（三）应防止政府与社会资本、居民的合谋行为

为防止政府与社会资本合谋，政府与社会资本签订政社合作合同中的核心条款（价格、公共服务质量与数量、付费等），不得随意修改和调整。调整公共服务价格，要充分论证，广泛征求意见。调价既要充分考虑成本上涨，又要防止地方政府与社会资本调价后的合谋行为。

为防止居民与地方政府、社会资本的合谋，应扩大对政社合作项目的绩效考核范围，让更多的居民参与对政社合作项目的评价。可以由独立的第三方对政社合作项目绩效进行评价。

（四）立法应充分考虑地方政府、社会资本的对策行为

由于地方政府、社会资本在政社合作项目中的行为空间较大，且较为复杂，政社合作立法应充分考虑地方政府、社会资本的对策行为，提高法律的可执行性。

第六章　政府和社会资本合作中的风险

在政府主导提供公共服务模式中，政府负责公共服务相关的建设、运营、维护等，并承担、管理相关风险。政府和社会资本合作（政社合作）改变了政府主导公共服务提供模式中的风险分配，由政府和社会资本共同承担风险。在政社合作模式中，社会资本参与建设、运营公共服务项目，并承担建设、运营中的风险。风险与不确定性是影响政府和社会资本合作形成、维系的关键，地方政府、社会资本都担心政社合作项目中的风险与不确定性。在政社合作模式中，还可能会存在政府、社会资本将风险转嫁和转移、隐藏的情况，累计起来可能放大风险。针对政社合作存在的各种各样的风险，需要建立合理的政府和社会资本合作风险分配，化解和防范合作中的风险。政府和社会资本合作风险，应由政府、社会资本和居民共治，与此同时，还应将风险由最能够承担风险者或最有责任能力者承担，收益较大者多承担风险，规避成本较小者规避风险，损失较大者多承担风险。在政社合作立法时，应将其风险评估纳入法律，立法重点防范、化解政府、社会资本和居民的行为风险。

一、政府和社会资本合作中的风险分类

政府和社会资本合作中有各种各样的风险，主要分为以下类型。

（一）自然风险、市场风险、政策风险、行为风险和项目风险

政社合作项目风险来源多样化，按照其来源可分为自然风险、市场风险、政策风险、行为风险、项目风险等。自然风险主要是指，气候变化等自然变化对政社合作项目带来的风险与不确定性。对于交通工程、市政工程、环境工程等政社合作项目，必须考虑自然风险。市场风险主要是指，市场需求变化对政社合作项

目带来的风险与不确定性。政社合作项目的市场风险，体现为宏观经济波动、区域经济规划、地位和状态的变化、产业结构和市场结构的变化、消费群体的消费潜力和偏好变化等。行为风险主要是指，政府、社会资本、居民三大主体行为对政社合作项目带来的不确定性与风险。需要注意的是，行为风险主要包括政府、社会资本、居民这三大主体的道德风险行为。政策风险是指国家和地方政府出台的政策变化，对政社合作项目的收益、风险、成本带来的不确定性与风险。项目风险是指某些政社合作项目的技术条件不成熟、合作企业不和谐、项目作业计划不配套等，不仅影响项目整体质量、工期，也会影响项目的投资回收期和内部收益率。特别需要注意的是，许多政社合作项目都是复杂的项目包，它们分属于不同阶段，运行在不同环境，具有不同的现金流结构。

（二）可预期风险、不可预期风险和部分可预期风险

按照政社合作项目风险能否预期，可分为可预期风险、不可预期风险和部分可预期风险。可预期风险是指，能够完全预期政社合作项目未来所面临的风险、不确定性；不可预期风险是指，由于未来经济社会形势很复杂，难以预期政社合作项目未来所面临的风险与不确定性；部分可预期风险是指由于未来经济社会形势较为复杂，只能部分预期政社合作项目未来所面临的风险与不确定性。

（三）主观风险与客观风险

按照政社合作项目风险的客观属性，可以分为主观风险与客观风险。政社合作项目的主观风险主要是指政府、社会资本、居民三大主体的主观行为所带来的风险，比如政府、社会资本的违约行为对政社合作项目带来的风险等。政社合作项目的客观风险主要是指项目所面临的自然、经济、社会等变化所带来的风险与不确定性，比如气候变化导致市政类政社合作项目建设期延长，经济下行对财政收入增长带来较大的压力，影响政府对政社合作项目的付费，等等。

（四）可控制风险、难以控制风险和部分可控制风险

按照政社合作项目风险能否控制，分为可控制风险、难以控制风险和部分可控制风险。可控制风险是指，政社合作项目未来面临的各种各样的风险与不确定性，处在可控制范围。不可控制风险是指，政社合作项目未来面临的风险影响面广、范围大，难以控制。部分可控制风险是指虽然政社合作项目未来面

临的风险影响面广、范围大，但可以部分控制。

（五）具有外溢性的风险和不具有外溢性的风险

按照风险能否外溢，将政社合作项目未来所面临的风险分为不具有外溢性的风险和具有外溢性的风险。不具有外溢性的风险是指，政社合作项目未来所面临的风险一旦对政社合作项目带来不利的影响，只会对项目本身产生不利的影响。而具有外溢性的风险则是指，政社合作项目未来所面临的风险一旦对政社合作项目带来不利的影响，不仅会对项目本身产生不利的影响，还会对项目本身以外产生不利的影响。比如，自来水政社合作项目一旦运营暂停，会影响居民的正常生活，如果持续时间较长，还会影响社会稳定。

（六）随机性的风险、趋势性的风险和部分趋势性的风险

按照政社合作项目的风险发生趋势划分，分为随机性的风险与趋势性的风险、部分趋势性的风险。随机性的风险是指政社合作项目未来面临的风险随机发生；趋势性的风险则是政社合作项目未来面临的风险发生，存在趋势性；部分趋势性的风险是指，政社合作项目未来面临的风险发生虽然有一定的随机性，但仍存在一定的趋势性。

（七）事前风险与事中、事后风险

按照政社合作项目风险发生的时间划分，分为事前风险与事中事后风险。事前风险是指政社合作项目合同签订前所面临的风险，比如，地方政府为加快政社合作项目落地而隐藏项目信息，社会资本为中标政社合作项目采取低价恶性竞争行为。事中、事后风险则是指，政社合作项目合同签订后所发生的风险与不确定性，既包括客观风险，又包括政府、社会资本的违约行为风险。

二、政府和社会资本合作中的风险转嫁、转移

（一）政府和社会资本合作改变了政府主导公共服务提供模式中政府单独承担风险的格局

在政府主导提供公共服务模式中，政府负责公共服务相关的建设、运营、

维护等，并承担、管理相关风险，政府一家承担风险。而在政社合作模式中，社会资本参与建设、运营公共服务项目，并承担建设、运营中的风险，包括收益不确定性的风险、成本可能增加的风险、安全生产的风险、产品质量风险、融资风险等。如果是政府和社会资本合作，政府和社会资本可能就相关风险分配达成协议，并共同承担相关风险。如果是社会资本单独提供公共服务，则公共服务相关建设、运营、维护中的风险由社会资本单独承担。总之，不论哪种形式的政府和社会资本合作，相关风险由政府主导提供公共服务模式中的政府一家扛，转向政府和社会资本共同承担。

（二）地方政府有将当期的政府和社会资本合作项目相关风险往后转移的动机

地方政府积极推进政社合作项目，希望能发挥政社合作项目对稳增长、提高公共服务质量、提供更多的公共服务的作用。尤其是经济不发达地区，财政相对困难，地方政府更希望多上政社合作项目。为了多上政社合作项目，地方政府尽可能将政社合作项目潜在的风险往后移，都不希望在本届政府任期内爆发政社合作项目风险和财政风险，可能会采取将风险往后转移的行为。

政府运用政社合作后，可将资产负债表的债务“出表”，但不可否认的是，这只是拉长了支出义务期限，一定程度上解决期限错配问题。如果政社合作项目质量不高，有可能导致未来财政风险加大。另外，一些地方政府为了加快上马政社合作项目，采用“明股实债”、假政社合作项目形式，长期内可能增加财政风险。部分社会资本以低价中标政社合作项目，一旦运行亏损就向政府提出一些补偿，甚至以公共利益威胁政府，地方政府从社会稳定角度出发，不得不给予一定的财政补偿，这又增加潜在的财政风险。

（三）社会资本将政府和社会资本合作项目风险转嫁和向后转移

社会资本参与政社合作项目会注重社会责任，但更注重经济利益。为实现更多的经济利益，社会资本可能会转嫁和转移风险。

一是将隐形风险转移、转嫁。由于公共服务质量状况存在一定的信息不对称性和信息不完全性，社会资本在利益驱使下，有可能将隐藏的质量风险向后转移和项目风险转移到区域之外。比如，公共服务隐藏的质量问题没有及时被化解和防范，将政社合作项目风险转移、转嫁到其他区域。

二是通过合同将相关风险转移到原材料供应商、设备供应商等主体，将相关风险传递和放大。社会资本为了降低自身风险，通过赊购等方式可能会将项目的资金运营风险，传递给原材料供应商、设备供应商；社会资本方层层转包工程和项目，压低工程款和项目款，将风险不断放大。另外，社会资本为了获取利润，可能购买一些质量较低的原材料提供相关公共服务，引发相关风险。比如学校的“毒塑胶跑道”事件发生，与建筑方使用有毒的塑胶做跑道直接相关。

三是为追求短期收益而将风险向后移。由于政社合作项目期限长，社会资本想在 8 年至 10 年内回收投资并获得收益，会采取一些短期行为，比如，社会资本为获得建设政社合作项目中相对较高的建筑利润，以回收大部分投资，可能存在项目质量不高的情况。社会资本在运营阶段逐步稀释股份，将建设阶段的质量风险由其他运营主体承担。这样，政社合作项目的风险向后移。

四是恶性竞争、围标等对政社合作项目带来的风险。对于有稳定现金流和较好收益的政社合作项目，社会资本为中标政社合作项目，可能会运用低价策略，恶性竞争挤掉潜在的竞争者。社会资本可能与其他社会资本联合（合谋）进行围标。不论社会资本采取恶性竞争还是围标等策略，社会资本为实现其收益、利润目标，都会对政社合作项目带来一定的风险和不确定性。

（四）政府和社会资本合谋可能放大风险

社会资本与政府可能会在政社合作项目设计、招标、执行等阶段合谋。比如设计固定回报形式，名义上是政社合作项目，但无政社合作项目之实。在政社合作项目执行阶段，政府变相向社会资本进行财政支付，以各种理由给予财政补贴。政府和社会资本的合谋行为，虽然在短期内降低了财政支出、提高了公共服务质量，但放大了未来的财政风险。另外，地方政府与国有企业在合作时，当期风险评估较少，符合地方政府、国有企业当前各自目标利益，但国有企业在运营中，可能采取变更股权等方式，提前退出大部分股份，让没有责任能力的其他主体运营政社合作项目，也会放大风险。

（五）地方政府、社会资本转嫁、向后转移政府和社会资本合作中的风险，可能会累积放大风险

地方政府、社会资本将政社合作项目中的风险向后转移，这些风险逐步累积起来，可能会使得未来的风险越来越大，化解、防范这些风险的成本越来越高。一些风险累积、叠加到一定程度，会呈现放大效应。地方政府、社会资本

将政社合作项目中的风险转嫁到其他领域（包括其他区域），而没有将政社合作项目风险及时化解。

三、风险与不确定性是影响政府和社会资本合作形成、维系的关键

（一）风险与不确定性直接影响政府和社会资本合作的形成

不确定性和风险主要表现为状态、损失大小和发生的概率这三类的不确定性。在政社合作项目中，项目未来面临的不确定性和风险，主要表现为未来产生的收益、发生的成本的大小、可能出现的各种状态和发生的概率存在的不确定性。如果政社合作项目面临较大的不确定性和风险，将直接影响社会资本对政社合作项目所产生的收益、成本的预期，并会影响其参与政社合作项目的可能性。如果存在较大的不确定性和风险，则直接影响政府与社会资本合作的形成。

（二）风险与不确定性关系政府和社会资本合作的维持

政社合作项目落地后，可能存在事中、事后不确定性与风险。事中、事后的不确定性与风险存在并不可怕，如果存在较大的不确定性和风险，会对社会资本的收益、成本产生较大影响，有可能导致政社合作项目中止。有些政社合作项目已落地，政府与市场、社会合作已经形成，若发生了政社合作项目合同中没有预计到的不确定性和风险，或者没有设置相关处置程序，经过协调难以解决，使得合作参与方的激励相容条件丧失，或者参与人突然死亡、企业破产，或者存在有限责任机制，都会导致合作中止。尤其是政社合作项目执行阶段，如果政府没有履行合同约定，没有满足社会资本的激励相容条件，社会资本可能会中断合作。

（三）地方政府行为风险与不确定性是影响社会资本预期的关键

政社合作项目中的自然风险、市场风险和项目风险是客观存在的，但政府、社会资本等主体的行为风险是主观风险，地方政府、社会资本都担心合作方的行为风险与不确定性。在地方政府比社会资本更具有话语权的情况下，社会资本对地方政府行为风险与不确定性更为担心。可以这么说，地方政府行为风险

与不确定性是影响社会资本预期的关键。

（四）地方政府对政府和社会资本合作中的不确定性和风险也较为担心

地方政府运用政社合作模式提供公共服务时，担心失去权力，担心社会资本提供公共服务有风险和不确定性，担心因政社合作制度不完善而推进项目要承担责任，地方政府领导还担心与民营资本合作中的麻烦。担心这些风险与不确定性，不利于地方政府推进政社合作项目。因此，要加快政社合作项目落地，需要消除地方政府对这些风险与不确定性的担心。

四、国有企业参与政府和社会资本合作项目中的风险

（一）应重视“落地政社合作项目中的国企独大”现象背后的原因

当前，我国国有企业参与政社合作项目的积极性很高，在落地的政社合作项目中，国有企业占的比重较大。民营企业虽然参与政社合作项目的积极性很高，但真正落地少。这种现象背后，既反映了民营企业参与政社合作项目时，对风险和不确定性的担心，又反映了地方政府与民营企业合作时对风险和不确定性的担心。因此，要加快民营企业参与政社合作项目的进程，需要减少地方政府与民营企业合作中的风险与不确定性。

（二）国有企业与地方政府合作的风险与不确定性相对民营企业少

与民营企业参与政社合作项目相比，国有企业面临相对较少的风险，主要表现在以下几个方面。

一是国有企业面临的融资风险相对较少。由于政社合作项目投资大，项目建设需要银行贷款支持。与国有企业相比，民营企业获得贷款难度相对较大。

二是国有企业获得参与政社合作项目的机会相对较多。在我国，地方政府与国有企业合作积极性较高。尤其是地方政府倾向于将本地较好的政社合作项目（比如有稳定现金流的自来水、燃气等政社合作项目），交给本地的国有企业参与。规模大、实力强、有一定影响力的民营企业能获得参与政社合作项目的机会，而一般的民营企业获得政社合作项目的机会相对较少。

三是国有企业的协调能力比民营企业强。在履行政社合作项目过程，如果出现与地方政府协商合作中的问题，国有企业的协调能力、与地方政府讨价还价的能力比民营企业强。尤其是央企与市级、县级政府合作时，央企的协调能力比民营企业更为突出。

（三）重点防范国有企业参与政府和社会资本合作项目中的未来风险

国有企业参与政社合作项目中的融资风险比民营企业少，但国有企业和地方政府合作项目中，暗藏一些独有的风险与不确定性。比如，国有企业为追求短期内投资规模和利润规模等业绩，快速上项目，对政社合作项目的财政承受能力论证、未来风险和收益评估不充分。国有企业获得政社合作项目后，希望从银行获得贷款，银行也愿意贷款给国有企业。如果政社合作项目的未来收益支持不了还贷，银行将面临风险。个别国有企业抱有“不还本、不忘本”的心态，每年支付给银行利息，但不还贷款本金。

针对国有企业参与政社合作项目暗藏独有的风险与不确定性，我国在推进政社合作模式时，应重点防范国有企业参与政府和社会资本合作项目中的未来风险，防止为上马政社合作项目而增大未来的风险与不确定性。

五、政府和社会资本合作中的风险分配原则

（一）风险共治、共担

1. 政社合作项目风险具有公共性、外溢性，需要各方共治

政社合作项目面临的风险会同时影响政府、社会资本、居民，是这些主体共同的风险，呈现出公共性。政社合作项目风险具有公共风险性质，决定了需要政府、社会资本、居民三方共治。有些风险看似影响社会资本较多，但如果社会资本没办法承受风险，会直接影响政社合作项目运行，最终也会影响政府、居民。居民是公共服务的最终受益者，政府目标是运用政社合作模式提供公共服务。尤其是政社合作项目风险具有传递性、扩散性，政社合作项目风险可能会放大成为公共风险。政社合作项目风险可能是先影响项目受益对象，如果没有及时对政社合作项目风险进行治理，风险就会扩散到整个地区。比如高速公路维护，没有维护就会影响整个社会运作。因此，对于看似影响社会资本较多

的风险也需要政府、社会资本、居民等主体共治。

2. 为提高化解和防范政府、社会资本、居民行为风险的效率，需各方共治

从风险产生的来源看，有些风险是政府、社会资本、居民等行为产生的风险。对于行为风险，需要共同治理和共担。如果不共担、共治，容易出现风险治理失灵。政府和社会资本合作，各方如果仅从各自目标出发，而不考虑合作目标，就会导致各参与方为最大化个体利益，而产生违约行为和行为风险。为实现、维系政府和社会资本合作，既要实现各自目标，又要实现合作目标，需要约束双边行为，共治行为风险。比如，为提高居民健康水平，在医疗领域实施政社合作模式，不仅需要政府、社会资本努力，也需要居民自身进行疾病预防。

从防范风险的效率看，有些风险是难以预期的，比如自然风险。这样的风险需要政府、社会资本、居民共担，任何一方应对难以预期的风险都会面临较大的难度。

（二）最能够承担风险者或最有责任能力者承担风险

最能够承担风险者或最有责任能力者指有实力（资本、资源等）承担风险，且能追溯到责任。企业法人承担的责任界限终止于法人财产；自然人的承担责任仅限于财产、个人自由和生命；如果企业、自然人没有财产，则承担责任能力有限。承担风险的责任能力限制会导致双重后果：被损害者处于被要胁状态；某一主体只关注收益而不关注行为后果而成为风险偏好的赌徒，将会放大风险。因此，最有承担责任能力的主体承担风险。政社合作项目中的风险一旦发生，可能影响面广泛，带来的损失较大，需要能承担责任的主体承担风险。另外，最有责任能力者承担风险，也有助于约束社会资本的行为。

（三）收益较大者多承担风险

政社合作项目收益分布均衡，有些主体获得的收益较多，有些主体获得的收益相对较少。从化解和防范政社合作项目风险的动力看，从政社合作项目中获得收益较多的主体可能更有积极性承担风险。能够从政社合作项目中获得收益较多的主体不多承担、化解、防范风险，将会损失更大。

假设有两个主体 A 和 B，他们从政社合作项目获得的收益分别用 U(A)、U(B) 表示，规避政社合作项目风险的成本分别用 C(A)、C(B) 表示。主体 A 从政社合作项目中获得的净收益为 $V(A)=U(A)-C(A)$；主体 B 从政社合作项目中获得的净收益为 $V(B)=U(B)-C(B)$。在主体规避政社合作项目风险的成

本不高的情况下，主要分析主体从政社合作项目中获得的收益。如果主体 A 从政社合作项目获得的收益 U(A) 高于主体 B，那么主体 A 化解、防范政社合作项目风险所获得的收益高于 B，主体 A 有积极性化解、防范项目风险。

在图 6－1 中，主体 A 最优的选择是主动化解、防范政社合作项目中的风险。在实践中，占股份较大的主体主动化解、防范政社合作项目风险，且应承担较多的责任。

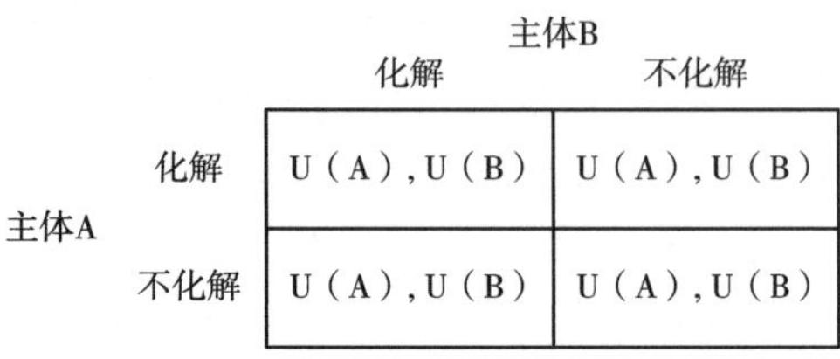

		主体B 化解	主体B 不化解
主体A	化解	U（A），U（B）	U（A），U（B）
主体A	不化解	U（A），U（B）	U（A），U（B）

图 6－1　防范、化解风险博弈

（四）规避成本较小者承担风险

假设主体 A、主体 B 化解、防范政社合作项目风险的成本相差较大，收益大致相当的情况下，哪个主体有积极性化解风险，取决于化解风险的成本。如果主体 A 化解政社合作项目所付出的成本 C（A）高于主体 B，那么主体 A 化解、防范风险的动力不足，化解和防范风险的责任落在主体 B 身上。

在图 6－2 中，不论主体 A 是采取“化解”还是采取“不化解”风险策略，主体 B 的最优策略都是采取“化解”风险策略。

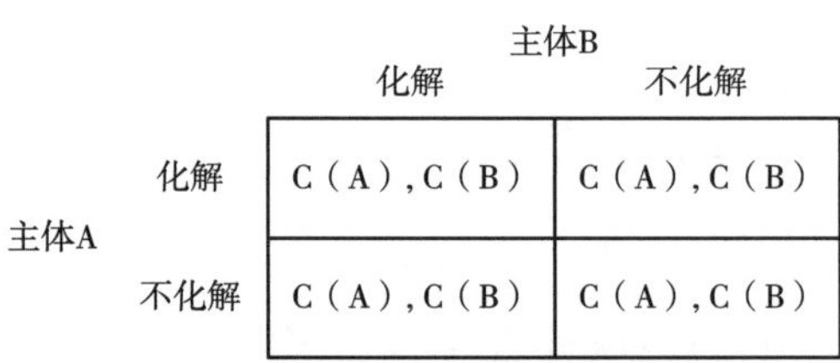

		主体B 化解	主体B 不化解
主体A	化解	C（A），C（B）	C（A），C（B）
主体A	不化解	C（A），C（B）	C（A），C（B）

图 6－2　防范、化解风险博弈

（五）损失较大者多承担风险

参与主体化解、防范风险时，不仅需要考虑收益，还要考虑成本，综合考虑净收益。在图 6－3 中，如果主体 A 从政社合作项目中获得的净收益 V(A) =

U(A) - C(A) 高于主体 B 从政社合作项目中获得的净收益 V(B) = U(B) - C(B)，那么主体 A 的最优策略是“化解”风险。

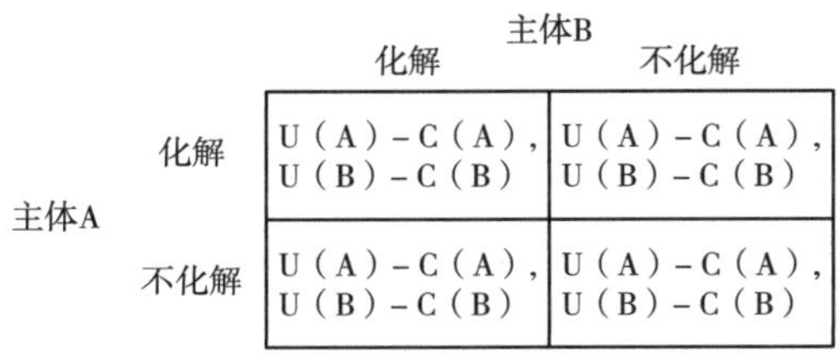

图 6-3　防范、化解风险博弈

六、化解与防范政府和社会资本合作风险的选择

（一）实施分类施策，化解和防范不同类型的风险

政社合作是对政府主导公共服务提供模式下的风险进行再分配。一般的风险，可由社会资本承担；不可控制、难以预计的风险，由社会资本和政府共同承担；市场风险和自然风险，可通过购买保险等方式加以化解和防范；政府、社会资本等主体的行为风险，可在合同中加以约束，或通过法律加以规范和约束。针对关键环节的风险，需要提前预防，尤其要防范可传递、放大的风险。

（二）积极鼓励社会资本实施风险内部化策略

不同主体承担政社合作项目的规划、建设、运营、维护等任务，不仅容易导致风险外溢，还会导致风险转移甚至放大。尤其是某一主体在降低某一环节风险进而增加成本或降低收益时，防范风险的动机就会弱化，这不利于化解、防范风险，甚至还会放大风险。因此，鼓励发展规划、建设、运营、维护等环节一体化的政社合作项目，由社会主体完全承担并防范、化解全链条的风险。

（三）重点防范政府、社会资本、居民的行为风险

行为风险是政社合作中重要的一类风险，尤其是政府行为风险是社会资本较为担心的。因此，要加快政社合作项目落地，并维系政府和社会资本合作，需要约束政府、社会资本和居民的行为，尤其是要约束政府行为。

加快政社合作立法，明确规定社会资本、政府在违约中如何承担相应的责任，使参与政社合作项目主体形成明确的预期。尤其是对重要的行为风险，要通过法律列举形式明确。比如，因社会资本违约导致公共服务不能提供，引发社会稳定风险甚至“绑架政府”，应该明确法律责任。地方政府违约导致社会资本难以回收成本时，法律上应明确如何赔偿社会资本，以及地方政府的直接责任。为防止政府与社会资本合谋，政府与社会资本签订政社合作合同中的核心条款（价格、公共服务质量与数量、付费等），不得随意修改和调整。对公共服务价格进行调整要充分论证，广泛征求意见，防止地方政府与社会资本调价后的合谋行为。

（四）加快开展政府和社会资本合作风险评估

目前，对政社合作项目开展了物有所值、财政承受能力论证等评估，对政社合作项目风险评估重视不足。如前文所述，政社合作项目存在各种各样的风险与不确定性，因此，应加快对政社合作项目开展风险评估。在对政社合作项目进行风险评估时，应把握好以下几点。

一是应在政社合作项目全生命周期内的每阶段都实施风险评估。对政社合作项目开展事前、事中和事后评估。需要指出的是，在政社合作项目的不同阶段，风险评估的侧重点应有差异。

二是评估化解、防范风险情况与新增风险情况。政社合作项目风险评估，不仅对政社合作项目防范化解经济风险、社会风险、财政风险、自然风险等公共风险情况进行评估，还对政社合作项目产生的经济风险、社会风险、财政风险、自然风险等公共风险情况进行评估，尤其是评估政府和社会资本合作中的风险转嫁、转移情况。

七、对政府和社会资本合作立法的相关建议

（一）立法明确政府和社会资本合作风险评估为必经的程序

政府和社会资本合作中存在各种各样的风险和不确定性，甚至还存在地方政府、社会资本将风险和不确定向未来、向其他主体转嫁、转移的情况，因此，非常有必要将政府和社会资本合作风险评估纳入立法，将政府和社会资本合作

风险评估贯穿政社合作项目全生命周期每个阶段。不仅对政社合作项目防范各类风险进行评估，还对政社合作项目产生的各类公共风险情况进行评估。

（二）立法应重点防范政府、社会资本和居民的行为风险

政社合作项目中的自然风险、市场风险和项目风险是客观存在的，而政府、社会资本和居民等主体的行为风险是主观的，应重点加以防范。通过政社合作立法重点防范这些主体事前、事中和事后的道德风险行为、短期行为，尤其是防止政府与社会资本、居民的合谋行为。

第七章　政府和社会资本合作相关的税收政策

总地来说，我国对政府和社会资本合作（PPP）出台并不断完善相关的税收优惠政策，但没有针对PPP发展出台专门的税收优惠政策，现行相关的税收优惠政策都是分散在各具体税种相关政策法规之中，且与政府主导公共服务提供模式相适应。今后，PPP是公共服务提供的新常态，需要加快建立、完善与之相适应的税收优惠政策。

一、现行对促进政府和社会资本合作的相关税收优惠政策

政府和社会资本合作（PPP）提供的是公共服务，对与促进公共服务发展相关的税收优惠政策进行梳理，归纳总结现行促进PPP发展相关税收优惠政策的特征。

（一）不断完善促进公共服务事业发展相关的税收优惠政策，形成促进PPP发展的税收优惠政策体系

我国根据公共服务业事业发展需要，不断完善相关税收优惠政策。比如出台了支持体育场馆、教育、老年服务机构、医疗卫生机构发展，农村饮水安全工程建设运营等相关房产税、土地使用税优惠政策，出台了医疗卫生机构、污水处理费、农村饮水安全工程建设运营等增值税优惠政策，并对促进公共服务事业发展相关的税收政策进行不断完善，逐步形成促进PPP发展的税收优惠政策体系。

（二）促进公共服务事业发展的部分相关税收优惠政策主要针对政府及事业单位，部分税收优惠政策针对公共服务

房产税、土地使用税、契税对支持公共服务事业发展的相关优惠政策，主要针对政府及事业单位。比如国家机关、人民团体、军队自用的房产、土地，由国家财政部门拨付事业经费的单位自用的房产、土地免纳房产税、土地使用税；国家机关、事业单位、社会团体、军事单位承受土地、房屋用于办公、教学、医疗、科研和军事设施的，免征契税。企业所得税、增值税、印花税相关优惠政策主要针对公共服务，比如企业所得税法第二十七条规定，从事国家重点扶持的公共基础设施项目投资经营的所得，从事符合条件的环境保护、节能节水项目的所得，可以免征、减征企业所得税；对饮水工程运营管理单位向农村居民提供生活用水取得的自来水销售收入，免征增值税；对销售自产再生水免征增值税，对污水处理劳务免征增值税；等等。具体税收优惠政策如表7－1所示。

表7－1　　与公共服务事业相关的税收优惠政策

序号	税种	与公共服务事业相关的税收优惠政策
1	房产税	（1）《中华人民共和国房产税暂行条例》 第五条　下列房产免纳房产税： 一、国家机关、人民团体、军队自用的房产； 二、由国家财政部门拨付事业经费的单位自用的房产； 三、宗教寺庙、公园、名胜古迹自用的房产； 四、个人所有非营业用的房产； 五、经财政部批准免税的其他房产。 第六条　除本条例第五条规定者外，纳税人纳税确有困难的，可由省、自治区、直辖市人民政府确定，定期减征或者免征房产税。 （2）财政部 国家税务总局《关于体育场馆房产税和城镇土地使用税政策的通知》（财税〔2015〕130号） 一、国家机关、军队、人民团体、财政补助事业单位、居民委员会、村民委员会拥有的体育场馆，用于体育活动的房产、土地，免征房产税和城镇土地使用税。 二、经费自理事业单位、体育社会团体、体育基金会、体育类民办非企业单位拥有并运营管理的体育场馆，同时符合下列条件的，其用于体育活动的房产、土地，免征房产税和城镇土地使用税： （一）向社会开放，用于满足公众体育活动需要； （二）体育场馆取得的收入主要用于场馆的维护、管理和事业发展； （三）拥有体育场馆的体育社会团体、体育基金会及体育类民办非企业单位，除当年新设立或登记的以外，前一年度登记管理机关的检查结论为“合格”。

续表

序号	税种	与公共服务事业相关的税收优惠政策
1	房产税	三、企业拥有并运营管理的大型体育场馆，其用于体育活动的房产、土地，减半征收房产税和城镇土地使用税。 （3）财政部 国家税务总局《关于教育税收政策的通知》（财税〔2004〕39号） 二、关于房产税、城镇土地使用税、印花税 对国家拨付事业经费和企业办的各类学校、托儿所、幼儿园自用的房产、土地，免征房产税、城镇土地使用税；对财产所有人将财产赠给学校所立的书据，免征印花税。 （4）财政部 国家税务总局《关于对老年服务机构有关税收政策问题的通知》（财税〔2000〕97号） 一、对政府部门和企事业单位、社会团体以及个人等社会力量投资兴办的福利性、非营利性的老年服务机构，暂免征收企业所得税，以及老年服务机构自用房产、土地、车船的房产税、城镇土地使用税、车船使用税。 （5）财政部 国家税务总局《关于医疗卫生机构有关税收政策的通知》（财税〔2000〕42号） （五）对非营利性医疗机构自用的房产、土地、车船，免征房产税、城镇土地使用税和车船使用税。 对营利性医疗机构自用的房产、土地、车船免征房产税、城镇土地使用税和车船使用税。3年免税期满后恢复征税。 （二）对疾病控制机构和妇幼保健机构等卫生机构自用的房产、土地、车船，免征房产税、城镇土地使用税和车船使用税。 （6）财政部 国家税务总局《关于支持农村饮水安全工程建设运营税收政策的通知》（财税〔2012〕30号） 三、对饮水工程运营管理单位自用的生产、办公用房产、土地，免征房产税、城镇土地使用税。
2	土地使用税	（1）《中华人民共和国城镇土地使用税暂行条例》 第六条　下列土地免缴土地使用税： （一）国家机关、人民团体、军队自用的土地； （二）由国家财政部门拨付事业经费的单位自用的土地； （三）宗教寺庙、公园、名胜古迹自用的土地； （四）市政街道、广场、绿化地带等公共用地； （五）直接用于农、林、牧、渔业的生产用地； （六）经批准开山填海整治的土地和改造的废弃土地，从使用的月份起免缴土地使用税5年至10年； （七）由财政部另行规定免税的能源、交通、水利设施用地和其他用地。 第七条　除本条例第六条规定外，纳税人缴纳土地使用税确有困难需要定期减免的，由省、自治区、直辖市税务机关审核后，报国家税务局批准。 （2）财政部 国家税务总局《关于支持农村饮水安全工程建设运营税收政策的通知》（财税〔2012〕30号） 三、对饮水工程运营管理单位自用的生产、办公用房产、土地，免征房产税、城镇土地使用税。 （3）财政部 国家税务总局《关于教育税收政策的通知》（财税〔2004〕39号）

续表

序号	税种	与公共服务事业相关的税收优惠政策
2	土地使用税	二、关于房产税、城镇土地使用税、印花税 对国家拨付事业经费和企业办的各类学校、托儿所、幼儿园自用的房产、土地，免征房产税、城镇土地使用税；对财产所有人将财产赠给学校所立的书据，免征印花税。 （4）财政部 国家税务总局《关于对老年服务机构有关税收政策问题的通知》（财税〔2000〕97 号） 一、对政府部门和企事业单位、社会团体以及个人等社会力量投资兴办的福利性、非营利性的老年服务机构，暂免征收企业所得税，以及老年服务机构自用房产、土地、车船的房产税、城镇土地使用税、车船使用税。 （5）财政部 国家税务总局《关于医疗卫生机构有关税收政策的通知》（财税〔2000〕42 号） （五）对非营利性医疗机构自用的房产、土地、车船，免征房产税、城镇土地使用税和车船使用税。 对营利性医疗机构自用的房产、土地、车船免征房产税、城镇土地使用税和车船使用税。3 年免税期满后恢复征税。 （二）对疾病控制机构和妇幼保健机构等卫生机构自用的房产、土地、车船，免征房产税、城镇土地使用税和车船使用税。
3	契税	（1）《中华人民共和国契税暂行条例》 第六条　有下列情形之一的，减征或者免征契税： （一）国家机关、事业单位、社会团体、军事单位承受土地、房屋用于办公、教学、医疗、科研和军事设施的，免征； （二）城镇职工按规定第一次购买公有住房的，免征； （三）因不可抗力灭失住房而重新购买住房的，酌情准予减征或者免征； （四）财政部规定的其他减征、免征契税的项目。 （2）《中华人民共和国契税暂行条例实施细则》 第十五条　根据条例第六条的规定，下列项目减征、免征契税： （一）土地、房屋被县级以上人民政府征用、占用后，重新承受土地、房屋权属的，是否减征或者免征契税，由省、自治区、直辖市人民政府确定。 （二）纳税人承受荒山、荒沟、荒丘、荒滩土地使用权，用于农、林、牧、渔业生产的，免征契税。 （3）财政部 国家税务总局《关于社会力量办学契税政策问题的通知》（财税〔2001〕156 号） 对县级以上人民政府教育行政主管部门或劳动行政主管部门批准并核发《社会力量办学许可证》，由企业事业组织、社会团体及其他社会组织和公民个人利用非国家财政性教育经费面向社会举办的教育机构，其承受的土地、房屋权属用于教学的，比照《中华人民共和国契税暂行条例》第六条第（一）款的规定，免征契税。 （4）《关于进一步支持企业事业单位改制重组有关契税政策的通知》（财税〔2015〕37 号） 六、资产划转　对承受县级以上人民政府或国有资产管理部门按规定进行行政性调整、划转国有土地、房屋权属的单位，免征契税。

续表

序号	税种	与公共服务事业相关的税收优惠政策
3	契税	同一投资主体内部所属企业之间土地、房屋权属的划转，包括母公司与其全资子公司之间，同一公司所属全资子公司之间，同一自然人与其设立的个人独资企业、一人有限公司之间土地、房屋权属的划转，免征契税。 八、划拨用地出让或作价出资　以出让方式或国家作价出资（入股）方式承受原改制重组企业、事业单位划拨用地的，不属上述规定的免税范围，对承受方应按规定征收契税。 （5）财政部 国家税务总局《关于支持农村饮水安全工程建设运营税收政策的通知》（财税〔2012〕30 号） 一、对饮水工程运营管理单位为建设饮水工程而承受土地使用权，免征契税。
4	土地增值税	（1）《中华人民共和国土地增值税暂行条例》 第八条　有下列情形之一的，免征土地增值税： （一）纳税人建造普通标准住宅出售，增值额未超过扣除项目金额 20% 的； （二）因国家建设需要依法征用、收回的房地产。 （2）财政部 国家税务总局《关于企业改制重组有关土地增值税政策的通知》（财税〔2015〕5 号） 四、单位、个人在改制重组时以国有土地、房屋进行投资，对其将国有土地、房屋权属转移、变更到被投资的企业，暂不征土地增值税。
5	印花税	（1）《中华人民共和国印花税暂行条例》 第四条　下列凭证免纳印花税：1. 已缴纳印花税的凭证的副本或者抄本；2. 财产所有人将财产赠给政府、社会福利单位、学校所立的书据；3. 经财政部批准免税的其他凭证。 （2）财政部 国家税务总局《关于支持农村饮水安全工程建设运营税收政策的通知》（财税〔2012〕30 号） 二、对饮水工程运营管理单位为建设饮水工程取得土地使用权而签订的产权转移书据，以及与施工单位签订的建设工程承包合同免征印花税。
6	企业所得税	（1）《中华人民共和国企业所得税法》 第七条　收入总额中的下列收入为不征税收入： （一）财政拨款； （二）依法收取并纳入财政管理的行政事业性收费、政府性基金； （三）国务院规定的其他不征税收入。 第二十七条　企业的下列所得，可以免征、减征企业所得税： （一）从事农、林、牧、渔业项目的所得； （二）从事国家重点扶持的公共基础设施项目投资经营的所得； （三）从事符合条件的环境保护、节能节水项目的所得； （四）符合条件的技术转让所得； （五）本法第三条第三款规定的所得。 第三十三条　企业综合利用资源，生产符合国家产业政策规定的产品所取得的收入，可以在计算应纳税所得额时减计收入。

续表

序号	税种	与公共服务事业相关的税收优惠政策
6	企业所得税	第三十四条 企业购置用于环境保护、节能节水、安全生产等专用设备的投资额，可以按一定比例实行税额抵免。 (2)《关于企业所得税应纳税所得额若干问题的公告》（国家税务总局公告2014年第29号） 一、企业接收政府划入资产的企业所得税处理 （一）县级以上人民政府（包括政府有关部门，下同）将国有资产明确以股权投资方式投入企业，企业应作为国家资本金（包括资本公积）处理。该项资产如为非货币性资产，应按政府确定的接收价值确定计税基础。 （二）县级以上人民政府将国有资产无偿划入企业，凡指定专门用途并按《财政部国家税务总局关于专项用途财政性资金企业所得税处理问题的通知》（财税〔2011〕70号）规定进行管理的，企业可作为不征税收入进行企业所得税处理。其中，该项资产属于非货币性资产的，应按政府确定的接收价值计算不征税收入。 县级以上人民政府将国有资产无偿划入企业，属于上述（一）、（二）项以外情形的，应按政府确定的接收价值计入当期收入总额计算缴纳企业所得税。政府没有确定接收价值的，按资产的公允价值计算确定应税收入。 二、企业接收股东划入资产的企业所得税处理 （一）企业接收股东划入资产（包括股东赠予资产、上市公司在股权分置改革过程中接收原非流通股股东和新非流通股股东赠予的资产、股东放弃本企业的股权，下同），凡合同、协议约定作为资本金（包括资本公积）且在会计上已做实际处理的，不计入企业的收入总额，企业应按公允价值确定该项资产的计税基础。 （二）企业接收股东划入资产，凡作为收入处理的，应按公允价值计入收入总额，计算缴纳企业所得税，同时按公允价值确定该项资产的计税基础。 (3) 财政部、国家税务总局、海关总署《关于西部大开发税收优惠政策问题的通知》（财税〔2001〕202号） 3. 对在西部地区新办交通、电力、水利、邮政、广播电视企业，上述项目业务收入占企业总收入70%以上的，可以享受企业所得税如下优惠政策：内资企业自开始生产经营之日起，第1年至第2年免征企业所得税，第3年至第5年减半征收企业所得税；外商投资企业经营期在10年以上的，自获利年度起，第1年至第2年免征企业所得税，第3年至第5年减半征收企业所得税。 (4) 财政部、海关总署、国家税务总局《关于深入实施西部大开发战略有关税收政策问题的通知》（财税〔2011〕58号） 二、自2011年1月1日至2020年12月31日，对设在西部地区的鼓励类产业企业减按15%的税率征收企业所得税。 上述鼓励类产业企业是指以《西部地区鼓励类产业目录》中规定的产业项目为主营业务，且其主营业务收入占企业收入总额70%以上的企业。 (5)《关于企业参与政府统一组织的棚户区改造有关企业所得税政策问题的通知》（财税〔2013〕65号） 一、企业参与政府统一组织的工矿（含中央下放煤矿）棚户区改造、林区棚户区改造、垦区危房改造并同时符合一定条件的棚户区改造支出，准予在企业所得税前扣除。

续表

序号	税种	与公共服务事业相关的税收优惠政策
7	增值税	（1）《关于印发〈资源综合利用产品和劳务增值税优惠目录〉的通知》（财税〔2015〕78号） 一、纳税人销售自产的资源综合利用产品和提供资源综合利用劳务（以下称销售综合利用产品和劳务），可享受增值税即征即退政策。具体综合利用的资源名称、综合利用产品和劳务名称、技术标准和相关条件、退税比例等按照本通知所附《资源综合利用产品和劳务增值税优惠目录》（以下简称《目录》）的相关规定执行。 （2）财政部 国家税务总局《关于医疗卫生机构有关税收政策的通知》（财税〔2000〕42号） 营利性医疗机构取得的收入，直接用于改善医疗卫生条件，自其取得执业登记之日起，3年内对其自产自用的制剂免征增值税，3年免税期满后恢复征税 （3）财政部 国家税务总局《关于污水处理费有关增值税政策的通知》（财税〔2001〕97号） 对各级政府及主管部门委托自来水厂（公司）随水费收取的污水处理费，免征增值税。 （4）财政部、国家税务总局《关于资源综合利用及其他产品增值税税收政策的通知》（财税〔2008〕156号） 对销售自产再生水免征增值税，对污水处理劳务免征增值税。 （5）财政部 国家税务总局《关于支持农村饮水安全工程建设运营税收政策的通知》（财税〔2012〕30号） 四、对饮水工程运营管理单位向农村居民提供生活用水取得的自来水销售收入，免征增值税。 （6）财政部 国家税务总局《关于促进节能服务产业发展增值税营业税和企业所得税政策问题的通知》（财税〔2010〕110号） 一、关于增值税、营业税政策问题 （一）对符合条件的节能服务公司实施合同能源管理项目，取得的营业税应税收入，暂免征收营业税。 （二）节能服务公司实施符合条件的合同能源管理项目，将项目中的增值税应税货物转让给用能企业，暂免征收增值税。

二、现行对促进政府和社会资本合作的税收优惠政策所存在的问题

（一）土地使用税、房产税、契税等税收优惠政策主要针对政府及事业单位，难以适应运用 PPP 方式提供公共服务发展的需要

总地来说，现行与 PPP 相关的税收优惠政策与政府主导公共服务提供的模式相适应。比如国家机关、人民团体、军队、由国家财政部门拨付事业经费的

单位自用的房产、土地免交房产税、土地使用税，而政府和社会资本合作项目、社会资本提供的公共服务项目，可能难以享受对国家机关、人民团体、国家财政部门拨付事业经费的单位免征房产税、土地使用税这一税收优惠政策。

（二）对公共服务的税收优惠范围较窄

目前，对体育场馆、教育、老年服务机构、医疗卫生机构、农村饮水安全工程建设运营等有房产税、土地使用税等优惠政策。企业所得税对公共基础设施、环境保护、节能节水项目有相关优惠政策。企业所得税法第七条规定，收入总额中的财政拨款为不征税收入；第二十七条规定，从事国家重点扶持的公共基础设施项目投资经营的所得，从事符合条件的环境保护、节能节水项目的所得，可以免征、减征企业所得税。企业所得税法实施条例第八十七条明确企业所得税法第二十七条第（二）项所称国家重点扶持的公共基础设施项目，是指《公共基础设施项目企业所得税优惠目录》规定的港口码头、机场、铁路、公路、城市公共交通、电力、水利等项目；第八十八条明确企业所得税法第二十七条第（三）项所称符合条件的环境保护、节能节水项目，包括公共污水处理、公共垃圾处理、沼气综合开发利用、节能减排技术改造、海水淡化等。

总地来看，目前，房产税、土地使用税、企业所得税的优惠政策难以涵盖PPP实施范围。我国PPP实施范围不仅包括公共基础设施、环境保护，还包括教育、医疗卫生、文化、养老、科技、体育、供水、供暖、保障房项目等。

（三）公共服务等企业所得税的优惠期限较短，难以适应PPP项目期限长的需要

PPP合作具有时间长的特点，许多项目合同期限不低于10年，一般为20—30年。财政部《关于进一步做好政府和社会资本合作项目示范工作的通知》（财金〔2015〕57号）规定，政府和社会资本合作期限原则上不低于10年。另外，PPP项目具有公共性，社会资本从事PPP项目，获得的收益是“有盈利而不是获得暴利”。企业所得税法实施条例第八十七条规定，企业从事国家重点扶持的公共基础设施项目的投资经营所得，自项目取得第一笔生产经营收入所属纳税年度起，第一年至第三年免征企业所得税，第四年至第六年减半征收企业所得税。企业所得税法实施条例第八十八条规定，企业从事规定的符合条件的环境保护、节能节水项目的所得，自项目取得第一笔生产经营收入所属纳税年度起，第一年至第三年免征企业所得税，第四年至第六年减半征收企业所得税。

由以上分析不难看出，企业所得税法对从事公共基础设施和环境保护、节能节水项目实施“三免三减半”政策，难以适应 PPP 项目经营期限长、收益不高模式的发展需要。

（四）部分税收优惠政策需要进一步明确

对于社会资本开发商业性项目与公共配套设施组合，在企业所得税扣除以及土地增值税扣除上需要进一步明确。比如，根据国家税务总局《关于印发〈房地产开发经营业务企业所得税处理办法〉的通知》（国税发〔2009〕31 号）第十七条规定，“企业在开发区内建造的会所、物业管理场所、电站、热力站、水厂、文体场馆、幼儿园等配套设施，按以下规定进行处理：属于非营利性且产权属于全体业主的，或无偿赠与地方政府、公用事业单位的，可将其视为公共配套设施，其建造费用按公共配套设施费的有关规定进行处理。属于营利性的，或产权归企业所有的，或未明确产权归属的，或无偿赠与地方政府、公用事业单位以外其他单位的，应当单独核算其成本。除企业自用应按建造固定资产进行处理外，其他一律按建造开发产品进行处理”。根据国家税务总局《关于房地产开发企业土地增值税清算管理有关问题的通知》（国税发〔2006〕187 号）规定，“房地产开发企业开发建造的与清算项目配套的居委会和派出所用房、会所、停车场（库）、物业管理场所、变电站、热力站、水厂、文体场馆、学校、幼儿园、托儿所、医院、邮电通讯等公共设施，按以下原则处理：建成后产权属于全体业主所有的，其成本、费用可以扣除；建成后无偿移交给政府、公用事业单位用于非营利性社会公共事业的，其成本、费用可以扣除；建成后有偿转让的，应计算收入，并准予扣除成本、费用”。实际操作中，对于具体以何种方式确定营利性和非营利性，以及因政府有关部门的原因无法移交的公共配套设施的成本如何扣除等问题，需要进一步明确。

目前，对非营利性医疗机构自用的房产、土地、车船，免征房产税、城镇土地使用税和车船使用税。对营利性医疗机构自用的房产、土地、车船，免征房产税、城镇土地使用税和车船使用税。3 年免税期满后恢复征税。社会资本进入医疗卫生领域时需要明确非营利性与营利性。“营改增”后，BOT 项目有以投融资人名义建设或者以项目业主名义建设两种不同形式，建成后交付环节取得的收入如何缴纳增值税以及支付的各项成本能否作为进项税额扣除等问题在操作层面需要明确。

（五）部分与 PPP 发展相关的税收政策需要进一步完善

PPP 项目中可能存在重复征税问题。目前大部分增量 PPP 项目都是 BOT 模式运作，依据《企业会计准则解释第 2 号》第五点的规定，项目公司在运营期确认收入的同时将项目确认为金融资产。根据现行法律和会计准则，PPP 项目公司实施建造行为形成的资产不被确认为该企业的固定资产，而是由项目业主或政府实施机构确认为固定资产。项目公司取得的固定资产由于会计上核算为金融资产，其取得的巨额进项税不允许从销项税中抵扣，存在重复征税。

“营改增”后，“纳税人接受的贷款服务不得抵扣”的税收政策不利于 PPP 项目贷款融资。PPP 项目公司融资方式主要有政府部门与社会资本等注资、从银行获得贷款等。根据《财政部国家税务总局关于全面推开营业税改征增值税试点的通知》（财税〔2016〕36 号）的规定，纳税人接受的贷款服务不得抵扣，同时存款利息和股息都不属于目前增值税征税范围。根据这一政策规定，对于 PPP 项目公司而言，由于接受的贷款服务不能抵扣，来源于贷款的资金越多，需要承担的不能抵扣的进项税额也就越大、税负越重。股息不属于增值税征税范围，股东取得股息不征增值税，这不利于 PPP 项目获得银行贷款。

三、促进政府和社会资本合作的税收政策建议

（一）短期内尽快完善现行的与 PPP 模式发展相适应的税收优惠政策

建议将土地使用税、房产税等针对政府主体实施的税收优惠政策，转变为针对公共服务实施的税收优惠政策。将企业所得税关于公共基础设施和环保相关税收优惠政策的范围扩大至公共服务，且将优惠期限延长至 PPP 项目移交结束环节。与此同时，在对 PPP 项目给予土地使用税、房产税、企业所得税等税收优惠政策时，要列举享受税收优惠政策的公共服务清单。加快研究出台解决 PPP 项目中存在重复征税问题的方案。

（二）加快探索建立与 PPP 发展需要相适应的税收优惠政策体系

今后，PPP 是公共服务提供的新常态，建议对现行与 PPP 发展相关的税收

优惠政策进行系统梳理，分析不适应 PPP 发展需要的税收政策，提出促进 PPP 发展的税收政策。在建立和完善税收优惠政策时，需要以政府和社会资本合作提供公共服务为常态作为出发点，而不是针对政府、事业单位作为提供主体实施优惠政策。

（三）出台针对 PPP 资产移交阶段的相关税收优惠政策

在 PPP 项目执行到期时，发生的资产移交特别是不动产移交行为会产生较大的税收负担，会涉及增值税、企业所得税、土地增值税、印花税以及相关附加税。在增值税方面，由于政社合作项目形式多样，可能有部分项目出现资金流、发票流以及货物劳务流“三流不一致”的情况，如社会资本代建项目，就可能造成项目移交时基层税务机关从严要求“三流一致”而出现不予扣除情况。另外，可以有针对性地出台 PPP 项目资产移交项目的增值税减免税政策，降低企业负担。在企业所得税方面，可以考虑对因移交产生的应纳税所得额采取递延纳税的优惠政策，或者将亏损弥补年限延长，以适应 PPP 项目运营年限通常较长的特点。在土地增值税方面，由于土地增值税采用的是超率累进税率，如果转让十几年前建成的不动产项目，交付阶段产生的土地增值税税负将会非常巨大，因此建议出台相关优惠政策，减免交付阶段的土地增值税。

第八章　政府和社会资本合作的融资

一、政府和社会资本合作融资与政府主导公共服务提供模式融资的区别

政府和社会资本合作提供公共服务模式区别于政府主导公共服务提供模式，其中较为重要的变化是公共服务的提供主体发生了变化。在政府和社会资本合作提供公共服务模式中，公共服务的提供主体包括社会资本、政府和社会资本股权合作成立的项目公司；而在政府主导公共服务提供模式中，公共服务提供的主体则是政府建立的国有企业或事业单位，政府以养机构、养人的方式提供公共服务。与政府主导公共服务提供模式相比，政府和社会资本合作提供公共服务的主体发生了变化，必然导致融资模式呈现差异。可以这么说，PPP 融资模式不同于政府主导的公共服务提供所运用的融资模式。

一是融资主体上的不同。在政府主导公共服务提供模式中，地方政府相关部门提供公共服务时，提供公共服务的国有企业、事业单位是融资主体。而在政府和社会资本合作提供公共服务模式中，如果是社会资本单独提供公共服务、政府购买公共服务，社会资本是融资主体；如果政府和社会资本以股权合作方式提供公共服务，项目公司是融资主体。

二是担保机制不一样。政府主导公共服务提供模式中，不论是国有企业还是事业单位，开展相关融资时，有政府信用作为重要的支撑，政府信用是重要的担保机制。而在政府和社会资本合作提供公共服务模式中，如果是社会资本单独提供公共服务，社会资本仅仅依靠自身实力进行融资，地方政府不再提供信用担保；如果政府和社会资本以股权合作方式提供公共服务，项目公司融资依赖项目公司信用，或依靠社会资本、政府增信。需要指出的是，政府增信可能面临较大的难度。

三是融资的还款来源不一样。在政府主导公共服务提供模式中，对可以使用收费的项目，还款来源可以是项目经营收益，也可以是财政还款；而在政府和社会资本合作提供公共服务模式中，融资还款主要依赖 PPP 项目产生的现金流，也有政府向社会资本提供的公共服务付费。

四是融资工具或方式上的差异性。在政府主导公共服务提供模式中，如需要融资，则主要是通过事业单位等为提供公共服务进行融资。而在政府和社会资本合作提供公共服务模式中，PPP 融资的工具和范畴比较广泛，不仅包括银行贷款，还包括 PPP 相关的基金、信托、保险、融资租赁等。

二、政府和社会资本合作融资问题凸显

（一）政府和社会资本合作项目融资的特点

政府和社会资本合作（PPP）融资主要呈现以下几个特点。

一是 PPP 项目所需要的资金规模大，且资金投入集中在项目建设阶段。PPP 项目少则需要上千万元资金，多则需要几个亿资金，甚至是几十亿元资金，一般的社会资本方难以提供这么大的资金规模。与此同时，PPP 项目所需的资金投入，主要集中在项目建设阶段；项目运营阶段虽然需要资金投入，但没有前期建设投入那么大。

二是 PPP 项目投资回收的时间长、面临的风险较大。PPP 项目具有时间长的特点，许多项目合同期限不低于 10 年，一般为 20—30 年。财政部《关于进一步做好政府和社会资本合作项目示范工作的通知》（财金〔2015〕57 号）规定，政府和社会资本合作期限原则上不低于 10 年。正因为 PPP 项目时间长，所以 PPP 项目面临较大的不确定性和风险，包括自然风险、市场风险、政策风险和项目风险。

三是 PPP 项目投资回报率不高。PPP 项目涉及公共服务领域，提供公共服务需要保障公共利益，决定了 PPP 项目回报率不高。社会资本参与 PPP 项目，只能是略有盈利，而不是暴利。

（二）政府和社会资本合作项目融资贵与融资难问题凸显

一是项目资金需求量大且周期较长与资金回报率不高的矛盾，决定了融资

必然困难。从一般的融资角度看，如果项目资金需求量大且周期较长，资金肯定要求较高的回报率或风险溢价，以弥补周期长中存在的不确定性与风险，比如长期利率高于短期利率。按照此逻辑，PPP 项目资金需求量大且周期较长，资金回报率肯定要求较高。但由于 PPP 项目涉及公共利益，决定了社会资本从项目中获得的投资回报率不高，这必然使得 PPP 项目融资难。

二是以 PPP 项目作为融资主体，会面临融资困难。如果民营资本作为社会资本建设、运营 PPP 项目，在对 PPP 项目进行融资时，向银行贷款需要 PPP 项目收益或财产做抵押，而不像在政府主导公共服务提供模式中提供公共服务的国有企业、事业单位那么便利地融资。

三是政府和社会资本合作项目投资的流动性、安全性与收益性难以形成平衡。PPP 项目一旦投资，就形成实体资产，难以变现，导致 PPP 项目投资流动性不足。流动性不足会增加项目投资的风险性。流动性不足和投资的风险性，必然要求高的收益来弥补流动性不足带来的机会损失。但是，PPP 项目为实现公共利益，只是略有盈利。可以这么说，PPP 项目投资的流动性、收益性与安全性之间难以平衡。

三、政府和社会资本合作融资的现状

总地来看，我国银行、证券公司、基金公司等金融机构对 PPP 项目表现出较高的热情，但我国 PPP 项目融资仍存在不规范或不完善之处。

一是银行贷款是 PPP 项目融资的主要方式。目前，PPP 项目融资工具主要是银行对 PPP 项目建设的贷款，虽然基金、信托、保险资金积极参与 PPP 项目建设、运营，但是基金、信托、保险资金参与 PPP 项目还不多。以银行贷款为主要融资方式难以满足投资大、经营期长且收益不高的 PPP 项目的资金需求。虽然银行能对未来能产生现金流的 PPP 项目进行贷款，但银行对 PPP 项目贷款面临一些困境，比如：PPP 项目的实际资金需求与银行各类资金在期限上存在一定的错配，且银行对项目资本金比例要求较高并需提供担保，融资成本较高；银行对 PPP 项目也是基于未来有现金流而进行贷款，且贷款要经过风险评估、贷款审批等一系列流程，对贷款的还款来源、现金流等有相关要求。政府主导公共服务提供，还款来源有地方财政兜底和政府信用支持。而运用 PPP 模式提供公共服务，融资主体变成了 PPP 项目公司，项目公司获得银行贷款需要以提供公共服务或基础设施产生的现金流作为还款来源。准公益性和公益性 PPP 项目产生的现金流较少或者不产生现金流，难以覆盖贷款本息，就难以获得银行贷款①。

二是融资方式不规范，存在变相融资形式。在部分 PPP 项目中，通过“明股实债”“固定回报”形式进行变相融资。由于 PPP 项目投资大、经营期长且收益不高，社会资本对此担心，要求取得固定回报，甚至以“明股实债”形式参与 PPP 项目。“明股实债”“固定回报”形式不符合 PPP 项目政府、社会资本、居民共治，收益共享，风险共担，机制共建的治理要求。因此，财政部、发展改革委《关于进一步共同做好政府和社会资本合作（PPP）有关工作的通知》（财金〔2016〕32 号）规定要避免通过固定回报承诺、明股实债等方式进行变相融资。

三是社会资本退出渠道不畅。目前，PPP 项目运营后的资本退出的渠道主要是政府回购、转让给其他社会资本等，难以适应 PPP 项目发展的需要。目前，部分地方积极发展 PPP 股权交易市场，为社会资本退出提供便利。但总地来看，社会资本退出渠道仍不畅。社会资本退出渠道不畅，其进入 PPP 项目的积极性必然不高。社会资本预期退出面临较大的困难，最优的选择必然是不进入。

四是未来有稳定收益的 PPP 项目融资相对容易，未来前景不明朗的 PPP 项目融资较为困难。对于未来有稳定收益尤其是有稳定现金流的 PPP 项目，社会资本会积极争夺，还可以利用 PPP 项目未来产生的现金流进行融资，银行等金融机构对这类项目进行贷款；而未来前景不明朗的 PPP 项目，未来收益或现金流多大、存在多大的风险都不明确，社会资本不敢进入，即便是社会资本参与了，此项目融资也面临较大的困难。

四、创新政府和社会资本合作融资的建议

以政府和社会资本合作方式提供公共服务，PPP 项目需要的资金规模大、运营期限长、回报率不高等，导致社会资本参与 PPP 项目的积极性不高，需要加快创新，大力发展 PPP 融资，增强社会资本进入 PPP 项目的积极性。尤其是要

① 本部分根据赵福军的“资产证券化是推进 PPP 模式发展的重要引擎”（《上海证券报》，2016 年 1 月 20 日）一文整理而成。

通过金融创新，解决 PPP 项目融资、股权退出等问题。

一是加快发展 PPP 项目资产证券化为 PPP 项目融资。为规范推进政府和社会资本合作项目资产证券化工作，出台《关于规范开展政府和社会资本合作项目资产证券化有关事宜的通知》（财金〔2017〕55 号）。今后，针对 PPP 项目融资问题，大力发展 PPP 项目资产证券化。对于能产生稳定现金流的 PPP 项目，鼓励先行先试，对 PPP 项目进行资产证券化。对准公益性和公益性的 PPP 项目，鼓励开展综合性的 PPP 项目，形成跨领域的收益项目，为打包项目资产做支撑。与此同时，加快 PPP 项目资产证券化相关的金融工具创新。比如，PPP 项目投资所形成的收益或现金流（收费权、PPP 项目每年产生的经营性收入）变成可投资的工具，形成可以上市交易的证券化产品，增强资本的流动性。可以在 PPP 项目贷款基础上，开发出期限、利率不同的组合贷款产品，全程参与 PPP 项目的融资服务，并结合 PPP 项目的稳定现金流推出项目收益债券。可以根据 PPP 项目现金流特征，设计合适的资产证券化产品，通过恰当的结构化设计使其满足不同风险偏好的投资者的需求。

二是做好 PPP 项目的策划和规划，为 PPP 项目盈利、融资模式创新创造条件。目前，对某一项基础设施和公共服务运用 PPP 模式提供的进展相对较快，但对多项基础设施和公共服务运用 PPP 模式提供的进展相对较慢。今后，大力发展综合性 PPP 项目是发展方向。在发展综合性 PPP 项目时，应注重规划，从 PPP 项目的全生命周期环节和其所在的区域规划，增强社会资本参与 PPP 项目的动力。

三是加快发展 PPP 项目股权交易市场。随着政府和社会资本合作深入推进，应加快发展 PPP 项目股权交易市场，方便社会资本退出。建议开展 PPP 项目股权交易市场试点，为社会资本退出 PPP 项目提供便利。

四是创造社会资本的盈利性，从源头上解决融资问题。比如对向使用者收费的 PPP 项目，应维持一个垄断竞争的市场结构，创造市场利润，满足社会资本的激励相容条件，激励社会资本进入。

第九章　政府和社会资本合作的产权

产权是一组权益组合，包括进入权、退出权、交易权、收益权、经营权、使用权等。只要涉及不同的主体，就会涉及产权问题。从政府主导公共服务提供模式，向运用政府和社会资本合作提供公共服务模式转型，不仅会增加社会资本等相关主体，也涉及公共服务经营权等相关问题，政府和社会资本合作产权问题凸显。相关产权制度不完善，影响了政府、社会资本各方的预期。可以这么说，政府和社会资本合作相关产权已成为影响项目落地的重要因素。因此，要加快推进运用政府和社会资本合作方式提供公共服务，应加快完善、改革与之相适应的产权制度，明确各主体产权，形成预期。

一、政府和社会资本合作产权的内涵、层次与特点

（一）政府和社会资本合作产权的内涵

产权是一组权益组合，包括进入权、退出权、交易权、收益权、经营权、使用权等。只要涉及不同的主体，就会涉及产权问题。另外，产权是选择的权利，取消或限制选择就是产权的不完整性。

PPP项目涉及的主体多，主要有政府、居民、社会资本等直接相关主体。不同主体由于目标的差异性，决定了其关注的权益不一样。社会资本较为关注PPP项目的进入权、退出权、经营权、收益权、转让权、资产所有权、处置权等；政府较为关注公共服务的监督权、管理权、PPP项目的回购权、收益权等；居民较为关注公共服务的受益权、监督权、享受公共服务的选择权等。

（二）政府和社会资本合作产权的层次

结合PPP项目开展的形式，政府和社会资本合作中的产权包括以下两个

层次：

一是宏观层次的 PPP 产权。在宏观层次上，政府和社会资本合作主要涉及政府、社会资本和居民三大主体。宏观层次的产权主要涉及居民、政府、社会资本各方的权益。

二是微观层次的 PPP 产权。在微观层次上，政府和社会资本合作主要侧重 PPP 项目层面。PPP 项目主要涉及政府、社会资本两大主体，相关产权主要围绕政府、社会资本相关权益划分。由于政府和社会资本合作方式、内容、期限、付费方式等不一样，PPP 项目产权呈现差异性。

1. 存量政社合作项目与增量政社合作项目的产权

已有公共服务（完成建设，或正在建设，或正在运营）的项目转化为 PPP 项目，涉及的产权问题主要包括项目资产所有权、运营权的转让、项目资产的收益、与项目运营所提供的公共服务的收益权界定、项目资产处置权界定、项目运营期结束后资产所有权归属等；对增量 PPP 项目而言，虽然不涉及现有项目资产所有权的转让，但涉及的产权问题主要包括项目资产的所有权和收益权、项目运营所提供的公共服务的收益权界定、项目资产处置权界定、项目运营期结束后资产所有权归属等。

2. 政社合作项目不同生命周期中的产权形式

PPP 全生命周期包括设计、规划、投资、建设、运营、维护、退出等阶段。在每个阶段，政府和社会资本合作的形式、深度可能不一样。比如政府和社会资本以股权合作形式提供公共服务，但在某阶段，社会资本可能增加股东，增加了产权主体。因此，认识 PPP 产权问题，需要把握每个阶段、每个环节的政府和社会资本合作形式。

3. 单一政社合作项目与综合政社合作项目的产权

单一 PPP 项目是指对某一项基础设施和公共服务运用 PPP 模式提供；综合 PPP 项目是指对多项基础设施和公共服务运用 PPP 模式提供，比如运用河北固安模式对园区开发建设，就是综合 PPP 项目。与单一 PPP 项目涉及的产权问题相比，综合 PPP 项目涉及的产权更为复杂，涉及多项资产的所有权、经营权、收益权、交易权等。

（三）政府和社会资本合作产权的特点

一是多样性。政府和社会资本合作具有多种形式，包括政府和社会资本股权合作、政府从社会资本租赁相关设备和资产提供公共服务、政府从社会资本购买公共服务。这些不同形式的政府和社会资本合作，决定了产权的多样性。比如政府和社会资本股权合作的产权，不同于政府从社会资本租赁相关设备和资产的产权，政府向社会资本租赁设备和资产，设备和资产的使用权归政府，所有权仍归社会资本。

二是复杂性。在政社合作中，政府付费购买公共服务、租赁社会资本的设备和资产提供公共服务中涉及的产权相对简单，而政府和社会资本股权合作提供公共服务涉及的产权相对复杂。尤其是政社合作不断调整合作形式、增加合作主体，会增加产权的复杂性。比如：某一社会资本方完成 PPP 项目建设后，在 PPP 项目运营阶段引入有运营经营的社会资本方，增加了产权主体；跨区域的河流治理 PPP 项目，涉及主体包括多个地方政府和当地居民。这些不同的主体对政社合作中的诉求呈现差异性、多样性，会增加产权的复杂性。

三是动态性。由于 PPP 项目生命周期较长，有可能出现社会资本方的生命时间低于 PPP 项目生命时间的情况。一旦出现这种情况，就需要引入新的社会资本方接管，或者由政府接管。经济、社会形势的变化，使得 PPP 项目产权具有动态性。

四是产权具有一定的不完整性或残缺性。产权是选择的权利。由于 PPP 项目涉及公共利益，为了维护和实现公共利益，对社会资本退出 PPP 项目进行一定的约束，这就是对退出权进行的限制，使得产权呈现不完整性。

二、宏观层次的政府和社会资本合作中的产权

（一）居民自由选择权、公共服务的受益权和监督权

1. 居民自由选择权是充分发挥政府和社会资本合作应有效果的重要前提

运用 PPP 方式提供公共服务，可以提高公共服务质量。但是，PPP 模式作用的发挥，既需要社会资本在参与 PPP 项目时，经历激烈的竞争，实现“物有所值”，又需要让居民自由选择，发挥居民“以脚投票”作用，进一步促进公共服务质量的提高。在积极推广 PPP 模式时，为什么要允许居民能自由选择公共服务呢？如果居民不能自行选择公共服务，即便是社会资本在 PPP 项目招投标环节经历了激烈的竞争，在社会资本中标 PPP 项目后，如果 PPP 项目具有一定的垄断性，则社会资本提供公共服务的质量不一定很高。因此，在推进教育、

医疗等领域 PPP 项目时，要大力推进教育、医疗等公共服务领域体制机制改革，尽可能赋予居民自由选择权。尤其是使用者付费的 PPP 项目，如果供给质量不高，居民不满意，居民就“以脚投票”，社会资本则难以回收投资，更谈不上盈利。

2. 监督权

居民是公共服务的受益者，具有监督公共服务提供的权利。但是，公共服务的受益者数量很多，居民在监督公共服务提供时，为监督所付出的成本与所获得的收益之间存在不对称性，容易出现“搭便车”行为，使得居民对公共服务提供的监督动力不足。提高居民对公共服务提供的监督动力，可按以下路径实施。

一是鼓励居民参与公共服务提供，使得居民在公共服务提供中的股权、受益权、监督权等多重权利绑定，增加对公共服务监督的动力。在居民是公共服务的直接受益者的情况下，居民参与提供公共服务的支出（股权），也是为享受公共服务所付出的代价。居民为享受更好的公共服务而少花钱，就会有动力监督公共服务提供的质量。通过对居民受益权、监督权与股权多重权利绑定，能在一定程度上解决居民对公共服务的监督动力不足问题。

二是委托第三方机构对公共服务提供进行监督。居民可委托第三方机构对 PPP 项目进行监督，这需要居民花费一定的支出。第三方机构对 PPP 项目进行监督，也会存在委托代理成本，需要竞争性引入第三机构，减少其中的委托代理成本。

（二）社会资本自由进入、退出权和受益权、经营权等

1. 社会资本自由进入权

社会资本进入自由，是发挥 PPP 应有作用的基础。社会资本不能自由进入，就难以充分竞争，难以充分发挥 PPP 应有的作用。社会资本进入自由，就应在政府采购、招投标环节，让社会资本形成充分竞争。当然，社会资本自由进入，并不等于对社会资本资格没有要求。为减少招投标和政府采购成本，应对社会资本的资格进行要求，让社会资本更好地履行责任。

一是在外资进入股权时，需要看外资准入限制和外资产业指导目录，看看是否满足对外资准入相关限制要求。

二是进入数量要求。由于公共服务具有一定的自然垄断性和规模经济性，可能只能容纳一两家企业，因此对进入公共服务领域的企业数量必须予以一定

的限制，这也是增强社会资本进入动力的需要。因此，需要设立经营排他权利。

2. 社会资本退出权

社会资本没有退出自由权利，就不会进入。由于PPP项目投资具有一定的不可逆性，如果社会资本不能退出，在投资发生后，就形成沉淀成本，并使得投资大幅贬值。因此，在PPP项目上，社会资本必须可以退出，但社会资本退出需要一定的条件。

一是社会资本不是能随时自由退出。PPP项目涉及公共利益，为保障公共利益和公共服务的连续提供，社会资本退出不能影响公共利益。

二是政府回购方式让社会资本退出，不能加重财政负担和未来的财政风险。社会资本退出PPP项目有股权转让、回收收益、资产证券化、政府回购等多种方式。运用政府回购方式，让社会资本退出，需要防止政府和社会资本合谋，防止社会资本利用政府回购方式，增加政府财政负担和未来的财政风险。

3. 对政府和社会资本合作项目经营权设定排他性或唯一性

自来水、燃气、公路等基础设施具有一定的自然垄断性，在一定区域范围内只能允许一两家经营。因此，政府和社会资本合作提供公共服务时，通常会要求在PPP项目合同中增加唯一性条款，要求政府承诺在一定期限内不在项目附近新建竞争性项目。为什么要对政社合作项目经营权设定排他性？其原因在于：

一是垄断竞争的市场结构不仅能维持社会资本从政社合作项目中获得盈利，还有助于政社合作的长期性。对政社合作项目经营权设定排他性，维持公共服务领域的垄断竞争市场结构，有助于社会资本从政社合作项目获得盈利。如果对政社合作项目经营权没有设定排他性，有几家企业进入，则有可能导致社会资本亏损。比如，在采用使用者付费机制的PPP项目中，项目公司的成本回收和收益取得与项目的实际需求量直接挂钩。一旦在ppp项目附近新建竞争性项目，就会分流项目的需求量，从而使得社会资本难以回收投资成本。一旦社会资本预期到这种可能性，就不会进入该PPP项目。如果社会资本不能从PPP项目获得一定的收益，则政府和社会资本合作难以持续下去。

二是对社会资本的承诺效应。在PPP项目合同中设计公共服务提供的唯一性条款，具有重要的承诺效应，为社会资本参与PPP项目提供稳定的收益预期。

（三）政府的管理权、监督权、回购权、收益权等

运用政府和社会资本合作方式提供公共服务，政府负责PPP项目的招投标、

建设和运营的管理、公共服务提供质量的监督等。在项目公司违约导致项目终止的情形下，政府享有回购的选择权。对于使用者付费的 PPP 项目，政府以股权形式合作，可享有收益权。

在政府对 PPP 项目的管理权中，政府应为社会资本拥有产权提供稳定的预期。根据我们的研究结论，风险与不确定性是影响 PPP 项目落地的关键。因此，为加快 PPP 项目落地，政府应为社会资本提供稳定的预期，降低未来投资、运营的风险与不确定性。

三、微观层次的政府和社会资本合作产权

微观层次的政府和社会资本合作产权，主要侧重于 PPP 项目产权。

（一）股权退出设计应区分股东类型

社会资本退出 PPP 项目股权时，应区分类型。如果是多家社会资本一起参与的 PPP 项目，对于小股权的社会资本，在所有 PPP 项目中的股东方同意的情况下，应允许自由退出。对于拥有控制地位的大股东，其股权退出也考虑相关情况。如果不影响股东控制权，大股东转让部分股权，应向政府备案；如果影响控制权，则需要政府同意，因为拥有控制权的股东是经过招投标、政府采购程序成为 PPP 项目的参与方。

（二）谨防股权协议控制偏离运用政府和社会资本合作方式提供公共服务的目标

在 PPP 项目中，股权协议控制是 PPP 项目实际股东通过协议方式控制 PPP 项目，使该 PPP 项目成为实际股东的利益实体。近年来，协议控制最典型的应用是在外商投资受中国法律限制的互联网或电子商务领域。股权协议控制在所有领域都可能存在，运用 PPP 方式提供公共服务时，也可能存在股权协议控制。虽然 PPP 项目的社会资本方，经历了政府采购、招投标程序，但如果实际控制人与名义的社会资本方不一致，实际控制人的目标可能会偏离 PPP 项目目标，从而不利于公共利益的实现。因此，在运用 PPP 方式提供公共服务时，需要谨防协议控制对 PPP 项目带来的不利影响。

（三）鼓励人力资本、技术等参与合作，促进公共服务供给质量提高

目前，我国政府和社会资本合作提供公共服务，主要侧重以资本形式合作提供公共服务。社会资本参与 PPP 项目时，不仅有助于解决公共服务融资问题，还有助于发挥其优势，提高公共服务供给质量。但是，社会资本参与 PPP 项目时，到底能在多大程度上提高公共服务供给质量，这与社会资本的公共服务运营能力有关。公共服务侧重于服务、管理、营运，需要投入较多的劳动力、人力资本、技术。如果社会资本仅为 PPP 项目融资，而没有公共服务的运营能力和基础，在参与 PPP 项目时，肯定难以真正提高公共服务供给质量。因此，应允许以技术、人力资本等多种形式参与合作，促进公共服务质量提高。

（四）明确土地性质变更中的增值收益划分，加快政府和社会资本合作推进

运用政府和社会资本合作方式发展教育时，面临土地用途性质发生改变等产权问题。比如，国内一些重点大学处于城市中心地段，土地价值较高。近年来，大学扩招，国内部分大学在城市郊区建设新校区，满足拓展校园空间的需要。大学新校区建设资金的一部分来自银行贷款，也可以运用 PPP 方式，将老校区的教育用地划转为商业用地，置换新校区的教育用地，并将老校区教育用地划转为商业用地的增值收益部分返还给学校。运用这种模式，不仅能提高大学置换土地的积极性，还能提高城市空间的商业价值，也能筹集高校新校区建设资金。但是，将老校区的教育用地划转为商业用地，土地增值收益返还给高校是目前的焦点问题。在国家、地方政府和高校之间如何划分土地增值收益，是影响推进运用 PPP 方式发展教育事业的重要因素。

（五）加快推进综合性的政府和社会资本合作项目需要加快推进相关产权改革

在综合性的政府和社会资本合作项目中，社会资本依靠其他环节的收益支撑公共服务提供。社会资本参与综合性 PPP 项目时，如果相关收益权不明确，会影响其进入。因此，推进综合性 PPP 项目需要加快明确相关产权，帮助社会资本形成明确的预期。比如：在 PPP 项目中，PPP 项目的无形资产归属权到底属于社会资本方还是属于项目公司，需要加快明确；在推进农业领域政府

和社会资本合作时，可能会涉及农户的林地、农业用地土地流转等，需要加快建立健全农村产权流转交易市场，引导农村土地、集体资产及农业设施等产权规范流转交易。另外，市政建设类 PPP 项目，拆迁难度较大，如何协调不同利益主体行为，加快推进 PPP 项目？生态环保类 PPP 项目涉及不同区域的地方政府、居民、企业等，如何协调这些利益行为，让这些主体支持生态环境建设？

四、积极发展不同形式的公共服务提供方式

（一）鼓励居民自愿提供公共服务

当公共服务的受益人数比较少时，受益主体之间容易就公共服务提供达成共识，形成受益者自愿供给联盟，且联盟比较稳定。特别是公共服务对某个受益者带来的收益较大时，这个受益者可能会积极主动提供公共服务。

如果居民能就自愿提供公共服务形成一致意见，应鼓励居民自愿提供公共服务。这样一来，既不需要政府负责，又能提供数量多、质量高的、受益者满意的公共服务，更不需要经历政府采购程序，节约了时间成本。比较典型的例子就是受益对象相对比较固定的公共服务，如小区物业等。

（二）政府只提供基本公共服务

居民对公共服务提供要形成一致意见，如果涉及的主体太多，谈判成本太高，消费者（居民）就很难达成一致。因此，需要政府出面组织协调。政府的角色并不是提供公共服务，而是充当协调、组织角色。在很多场合，政府只需创造条件使居民联合提供公共服务。面对公共服务提供过程中的讨价还价成本，政府可以充当“协调人”或“中心协调人”的角色，以促使公共服务提供。

有些公共服务的受益对象是流动的，且难以通过收费来实现；有些公共服务居民没有能力提供，需要政府提供。政府在提供公共服务时，受财力限制和为防止公共服务受益对象的道德风险和逆向选择风险出现，只能提供基本的公共服务。在鼓励居民自愿提供公共服务、政府只提供基本的公共服务的前提下，对于确实需要政府提供的公共服务，鼓励运用 PPP 方式提供。

（三）让居民自愿提供公共服务、政府提供基本公共服务、运用政府和社会资本合作方式提供公共服务三种形式共存，充分发挥各自作用

在实践中，应允许居民自愿提供公共服务、政府提供公共服务、运用PPP方式提供公共服务三种形式共存。这三种方式可以互相促进，互为补充。居民自愿提供公共服务，可以提供让他们自己更为满意的公共服务，且灵活性较强；如果居民难以自愿提供，非要政府提供，政府也只能提供基本的公共服务。如果居民对政府提供的公共服务不满意的话，可以通过付费的方式，加入“俱乐部”享受较高质量的公共服务。政府提供基本的公共服务时，能运用PPP方式提供就用PPP方式提供，这样既可以充分发挥社会资本的作用，也可以促使政府主导公共服务提供质量的提高。

五、对政府和社会资本合作立法的建议

（一）鼓励人力资本、技术等参与合作提供公共服务

公共服务主要侧重服务的运营，提高公共服务质量需要投入较多的劳动力、人力资本、技术。因此，政府和社会资本合作立法时，不仅积极推广政府和资本合作，还应鼓励以技术、人力资本等多种形式参与合作提供公共服务。

（二）明确社会资本产权预期，加快政府和社会资本合作项目落地

风险与不确定性是影响PPP项目落地的关键。因此，为加快PPP项目落地，政府应为社会资本提供稳定的预期，降低对未来投资、运营的风险与不确定性。

（三）积极鼓励运用多种产权形式提供公共服务

由于居民自愿提供、政府提供、政府和社会资本合作提供公共服务这三种方式，各有其优势，因此，允许这三种提供方式。如果居民、社会资本有积极性参与提供，政府应积极鼓励，并创造条件发挥他们的作用。与此同时，政府要出台政策，支持社会资本以多种形式参与公共服务提供。

（四）加快完善与政府和社会资本合作相关产权制度

在宏观层面上，应完善并赋予居民自由选择权、公共服务的受益权和监督权，加快完善社会资本自由进入退出权和受益权、经营权等，完善政府的管理权、监督权、回购权、收益权等。在 PPP 项目微观层面上，社会资本退出 PPP 项目股权时，应区分类型；谨防股权协议控制偏离运用政府和社会资本合作方式提供公共服务的目标；明确土地性质变更中的增值收益划分，加快运用政府和社会资本合作推进；加快推进综合性的政府和社会资本合作项目，需要加快推进相关产权改革，包括混合所有制改革。

第十章　政府和社会资本合作模式的选择

近年来，我国推进政府和社会资本合作（PPP）模式提供公共服务。地方政府运用政府和社会资本合作（PPP）模式提供公共服务、社会资本参与PPP项目的动力何在？这是推进PPP模式中的基础理论研究问题，需要厘清。另外，推进PPP模式过程中，PPP项目运作形式呈现差异性。地方政府、社会资本运用不同形式推进PPP模式，其背后是否有基本准则？我们试图从“利益—风险”角度分析PPP模式与PPP项目运作形式选择。

一、决定运用政府和社会资本合作模式提供公共服务的主要因素

公共服务是否运用PPP模式提供，主要取决于政府和社会资本合作的收益、成本、风险。总地来说，与政府单独提供公共服务相比，政府和社会资本合作实现的收益更多，提供的公共服务质量更好，政府和社会资本合作降低成本、化解和防范风险，要比政府单独提供公共服务效果更好。

（一）政府和社会资本合作的收益

政府和社会资本合作的收益主要包括：一是宏观层面的收益。由于PPP项目投资大，PPP项目落地有助于促进当地投资和经济发展。PPP项目除了具有宏观经济收益之外，还有社会层面的宏观收益。如果PPP项目涉及环境治理，那么运用政府和社会资本合作方式，有助于改善生态环境等；如果PPP项目涉及教育、医疗等，那么运用政府和社会资本合作方式，有助于解决上学难、上学贵，看病难、看病贵等问题。

二是微观层面的收益。对于政府而言，运用政府和社会资本合作方式，可以提供数量更多、质量更好的公共服务。通过竞争方式选择社会资本，既有助于提高效率，又可以为公共服务提供融资。无论是运用政府和社会资本合作方式，提供存量公共服务项目还是新建公共服务项目，均可以缓解地方财政压力。对于社会资本而言，无论是政府付费的 PPP 项目，还是使用者付费的 PPP 项目，社会资本均能从中获得一定的收益。当然，社会资本从 PPP 项目中获得的收益只能是略有盈利而不是暴利。对于居民而言，可以从 PPP 项目中获得数量更多、质量更好的公共服务。

三是中观层面的收益。PPP 项目落地，提供更多的公共服务，本身就是增加公共服务供给，解决了一些公共服务不足的问题，是结构化改革的重要内容。

对于政府发起的 PPP 项目而言，只有 PPP 项目给地方政府带来收益，地方政府才会有积极性推进 PPP 项目，并加快项目落地。

（二）政府和社会资本合作的成本

运用 PPP 模式提供公共服务，可能存在以下直接成本：一是运用 PPP 模式的成本。运用 PPP 模式提供公共服务，需要经历项目的识别、准备、采购等阶段，需要较长时间。二是政府付费或使用者付费。不论是政府付费，还是使用者付费，都是 PPP 项目的直接支出，也是 PPP 项目的直接成本。

（三）政府和社会资本合作中的风险

PPP 项目涉及的风险包括：一是经济、社会、生态环境、自然等风险。由于 PPP 项目提供的是公共服务，用于化解、防范经济、社会、生态环境、自然等风险，因此，PPP 项目必然涉及经济、社会、生态环境、自然等风险。二是财政风险。虽然运用 PPP 模式提供公共服务可能减少财政风险，但如果 PPP 模式不成功，有可能增加未来的财政风险。因此，PPP 项目也必然会涉及财政风险。三是 PPP 项目质量风险。运用 PPP 模式提供公共服务虽然有助于提高公共服务质量，但如果 PPP 项目质量控制得不好，也可能会带来新的风险，甚至会使项目风险往后移。

需要指出的是，有些风险是可预期的，而有些风险是不可预期或部分可预期；有些风险是主观的行为风险，而有些风险是客观风险；有些风险是事前风险，而有些风险是事中、事后风险；有些风险是可控制的风险，而有些风险是难以控制的风险或部分可控制的风险。

二、地方政府、社会资本运用政府和社会资本合作模式提供公共服务的动力

由于地方政府领导有行政任期，而社会资本是PPP项目的长期参与人，因此，地方政府、社会资本运用PPP模式提供公共服务的动力不对称：地方政府更多关注本届政府任期内的收益与风险，而社会资本更多关注PPP项目整个生命周期内的利润与风险。

（一）地方政府推进政府和社会资本合作的动力侧重关注PPP项目在本期实现的收益与风险

由于地方政府领导有行政任期，地方政府主要领导为了在其行政任期内促进经济、社会发展，做出较好的政绩，都希望加快PPP项目落地。地方政府加快PPP项目落地的动力在于，PPP项目能在本期实现多少收益。如果一个PPP项目在本届政府任期内实现的收益较高，比如对经济增长拉动作用明显，对改善生态环境、促进社会发展的作用大，地方政府就有积极性加快推进PPP项目落地。如果一个PPP项目在本届政府任期内实现的收益较低，即便是未来十年产生的收益较高，地方政府推进PPP项目的动力也可能不足。中央对PPP项目落地情况的考核、督导，也是地方政府推进PPP的动力。中央对PPP项目落地情况的考核、督导，本身就是地方政府目标。因此，一旦中央对PPP项目落地情况进行考核、督导，地方政府就会有积极性加快推进PPP项目落地。

另外，风险也是影响地方政府推进PPP模式的重要因素。地方政府在推进PPP模式时，不仅要考虑收益，还要考虑可能面临的风险。如果PPP项目面临较大的风险，尤其是影响社会稳定，地方政府就不愿意、不敢推进。

（二）不同经济发展水平的地方政府推进政府和社会资本合作的积极性呈现差异性

我国东、中、西部经济发展和公共服务提供水平差异较大，地方政府的财政实力也呈现差异性，对运用PPP模式提供公共服务的动力也有差异。经济较为发达的地方，财政实力较强，有能力提供基本公共服务，且公共服务提供较

好。因此，这些地方政府运用 PPP 提供公共服务的动力可能不足。即便是一些公共服务需要提供或进一步完善，地方财政实力也足以支撑这些公共服务的提供。而经济欠发达地区，财政实力较弱，公共服务提供质量较差，有些公共服务供给质量已成为影响经济、社会发展的重要制约因素。地方政府有积极性运用 PPP 提供公共服务。

（三）社会资本参与 PPP 项目主要综合权衡利润与风险

社会资本参与 PPP 项目，主要综合权衡 PPP 项目的风险与利润。由于 PPP 项目的利润不高，盈利而不是获得暴利，因此 PPP 项目所面临的风险成为影响社会资本参与的关键因素。社会资本考虑政策风险、自然风险、地方政府行为风险和 PPP 项目市场风险。

（四）地方政府和社会资本推进或参与 PPP 项目的动力呈现不对称性

1. 经济发达地区的地方政府推进 PPP 模式的积极性不高，但社会资本参与积极性高

经济发达地区的财政收入状况好，基础设施和公共服务的回报有保障（不论是政府付费还是使用者付费），但地方政府积极性不一定很高，而社会资本积极性较高。如前文所述，经济发达地区的地方政府的财政实力较强，有能力提供公共服务，地方政府运用 PPP 模式的动力不足。如果运用 PPP 模式提供公共服务，政府付费的 PPP 项目，社会资本不担心财政承受能力；使用者付费的 PPP 项目，经济发达地区公共服务的使用者相对较多，社会资本对依靠向使用者收费回收投资比较有信心。因此，社会资本参与 PPP 项目的积极性较高。

2. 经济欠发达地区的地方政府推进 PPP 模式积极性高，但社会资本参与的积极性没有在发达地区高

经济欠发达地区，财政实力不强，地方政府希望运用 PPP 模式提供公共服务，缓解财政压力，因此有积极性推进 PPP 项目。而对于社会资本而言，由于经济欠发达地区财政实力不强，政府付费的 PPP 项目，社会资本担心政府付费。另外，经济欠发达地区的人流、车流不大，对于道路等基础设施的投资，依靠使用者付费可能难以回收投资，因此，社会资本参与欠发达地区的基础设施积极性没有参与发达地区的 PPP 项目高（见表 10 – 1）。

表 10－1　　经济发展水平不同地区的地方政府与社会资本参与 PPP 项目的积极性

		社会资本	
		积极参与	不积极
经济发达地区的地方政府	不积极	存在	
经济欠发达地区的地方政府	积极参与		存在

三、政府和社会资本合作项目运作方式的选择

（一）社会资本参与 PPP 项目环节的选择

PPP 项目包括规划、设计、融资、建设、运营、维护、移交等环节。社会资本既可以参与 PPP 项目的部分环节，也可以选择参与所有环节。部分环节参与的 PPP 项目是指，社会资本只参与 PPP 项目的规划、设计、融资、建设、运营、维护等部分环节；全过程参与的 PPP 项目是指，社会资本参与 PPP 项目的规划、设计、融资、建设、运营、维护、移交等全生命周期的所有环节。

社会资本选择参与 PPP 项目的部分环节，还是选择参与 PPP 项目的所有环节，取决于参与 PPP 项目的风险与利润。社会资本参与 PPP 项目的所有环节，有助于降低项目整体运行成本、提高收益、降低和防范风险，那么社会资本就会有积极性对项目进行规划、设计和建设、运营等。当然，有时将 PPP 项目部分环节外包出去，也能降低成本。比如社会资本刚进入 PPP 领域时，对公共服务运营不是很了解，没有经验，可以将运营中的部分内容委托给专业公司，这样可以充分发挥专业公司的专业化优势，又能降低成本。需要指出的是，有时将 PPP 项目部分环节外包出去，可能会存在以下若干风险：（1）可能会增加采购成本。政府和社会资本合作提供公共服务，政府和社会资本出资成立项目公司。项目公司将部分环节或业务，再委托给其他企业参与经营，需要经过招投标和采购程序，这需要时间和采购成本。（2）可能增加项目总体成本。将 PPP 项目规划、设计、建设、运营中的某一个或几个环节委托给外部公司，外部公司可能没有从 PPP 项目整体角度进行规划、设计，项目设计可能会增加建设、运营成本。（3）可能会增加公共服务质量风险。将 PPP 项目中的一个或几个环节委托给外部公司，外部公司在自身利益驱动下，有可能偷工减料，增加项目

质量风险。比如在建设阶段，外部公司使用质量相对不高的材料，项目运营一段时间后，质量风险就暴露出来。

（二）社会资本是发起综合性 PPP 项目还是单一 PPP 项目的选择

单一 PPP 项目是指对某一项基础设施和公共服务运用 PPP 模式提供；综合 PPP 项目是指对多项基础设施和公共服务运用 PPP 模式提供，比如采用河北固安模式对园区开发建设，就是综合 PPP 项目。

社会资本是发起综合性 PPP 项目还是单一 PPP 项目，取决于参与 PPP 项目获取收益的途径。如果社会资本只愿意从 PPP 项目本身中获取收益，可能只会发起、参与单一 PPP 项目；如果社会资本更愿意从 PPP 项目之外获得收益，可以发起、参与综合性 PPP 项目。当然，社会资本发起、参与综合性 PPP 项目，需要较大的投入。

（三）地方政府、社会资本规划 PPP 的选择

1. 规划 PPP 的内涵

一是从实现 PPP 项目目标出发，统筹考虑项目规划、设计、投资、建设、运营等阶段的成本、收益与风险，规划设计 PPP 项目，将 PPP 项目的综合成本、风险降到最低，实现最大收益。

二是着眼于区域经济发展，从空间规划（包括土地使用等）入手，统筹 PPP 项目落地与区域经济发展，规划 PPP 项目的设计、投资、建设和运营、维护等。

2. 地方政府、社会资本规划 PPP 的选择

一是积极探索 PPP 项目新模式的需要。目前，有长期稳定现金流的 PPP 项目，比如收费的高速公路、供水供热等，运用政府和社会资本合作方式进展顺利。对于没有稳定现金流的 PPP 项目，部分社会资本参与的积极性不高。提高社会资本参与的积极性，要吸引社会资本从规划环节入手，大胆探索，让它们找到盈利模式或商业模式。

二是有助于实现 PPP 项目整体目标。PPP 项目包括规划、设计、投资、建设、运营、维护等阶段或环节。如果没有从 PPP 项目全生命周期角度进行总体规划、设计，可能会存在 PPP 项目设计不利于降低运营成本等情况，不利于实现 PPP 项目的总目标。从 PPP 项目全生命周期规划 PPP，有助于从 PPP 项目全生命周期考虑实现提高公共服务质量、降低公共服务成本和风险等目标。

四、未来公共服务提供模式的选择

（一）PPP 应是今后公共服务提供的新常态

我国实施政府和社会资本合作模式，就是充分发挥市场、社会作用，参与提供公共服务。未来，我国财政紧运行常态化，财政投入难以满足不断增加的公共服务需求和不断提升的公共服务需求层次的需要，需要吸引市场、社会参与提供公共服务。PPP 将是公共服务提供的常态化模式。

1. 财政紧运行成为常态，需要加快改变政府主导公共服务供给局面

我国经济发展进入新常态，经济中高速增长将成为我国今后一段时间常态。经济决定财政，经济中高速增长，财政收入高速增长将成为历史，中低速增长成为常态。从人口来看，我国已成为人口快速流动的动态社会，正在进入城镇化快速发展和人口老龄化加速的阶段，教育、医疗、养老、环境等公共服务的需求呈现刚性增长，财政支出增长随之呈现出越来越刚性化的特征。财政紧运行将是今后一个时期的常态，需要改变政府主导公共服务供给局面。

2. 仅靠政府投入难以满足不断增加的公共服务需求和不断提升的公共服务需求层次的需要

未来，公共服务供给领域增加。比如积极应对人口老龄化，加快建设养老服务体系；加强公共卫生防疫和重大传染病防控，健全重大疾病医保报销和救助制度；坚决打赢脱贫攻坚战，巩固脱贫攻坚成果，建立解决相对贫困的长效机制。提高教育质量，推动城乡义务教育一体化发展，健全学前教育、特殊教育和普及高中阶段教育保障机制，完善职业技术教育、高等教育、继续教育统筹协调发展机制。实施乡村振兴战略，完善农业农村优先发展和保障国家粮食安全的制度政策，健全城乡融合发展体制机制；推动区域协调发展，形成主体功能明显、优势互补、高质量发展的区域经济布局；实行最严格的环境保护制度，加强长江、黄河等大江大河生态保护和系统治理。开展大规模国土绿化行动，加快水土流失和荒漠化、石漠化综合治理，保护生态多样性，筑牢生态安全屏障。这些将涉及诸多领域的公共服务供给。与此同时，随着我国居民收入的提高，对公共服务的需求层次呈现多样化，对公共服务的质量要求越来越高。政府在提供公共服务时，只能提供基本公共服务，难以满足高收入群体对较高

质量的公共服务的需求。

（二）从政府主导公共服务提供模式向 PPP 主导公共服务提供转型，是一场不亚于市场化的重大改革

新中国成立以来，我国一直是政府主导公共服务提供。政府通过建立事业单位、国有企业来提供公共服务。与政府主导公共服务提供相适应的是，政府建立了相应的监管体系、税收制度、金融体系。政府在公共服务提供中充当多重角色：既是公共服务的生产者，又是监管者；既是运动员，又是裁判员。

PPP 是公共服务提供和国家治理的新模式。从政府主导公共服务提供模式转向运用 PPP 模式提供公共服务，既是一场不亚于市场化的重大改革，又是一次重要的制度变革或变迁。虽然运用 PPP 模式有助于改善公共服务质量，提供数量更多的公共服务，但需要付出成本和面临一些风险（见表 10－2）。

一是增加了政府部门的学习、适应成本。多年来，政府习惯、适应了政府主导公共服务提供模式，现在要推进 PPP 模式，需要政府学习 PPP 相关知识和操作，增加了学习成本。另外，政府主导公共服务提供，政府掌握资源分配，手中有资源配置权；推行 PPP 模式后，政府和社会资本合作提供公共服务，政府角色和地位发生很大的改变，政府资源配置权大幅减少，政府工作重点是对公共服务的监管，更多体现为责任。这些都需要政府加快适应。

二是增加了实施 PPP 项目成本。政府主导公共服务提供，实施和推动过程相对较快；而推行 PPP 模式，需要经历 PPP 项目识别、准备、采购等前期环节，所需的时间要比政府主导公共服务提供模式长。

三是在 PPP 模式不完善时，推进 PPP 模式会面临一些不确定性和困难。从政府主导公共服务提供模式，向运用 PPP 模式提供公共服务转型过程中，由于与 PPP 模式相关的制度不完善，政府和社会资本在推进 PPP 项目时，会面临政策适用性问题或者政策不明朗、真空问题，从而影响 PPP 模式推进。

四是 PPP 项目运行中的风险。在政府主导公共服务提供模式中，政府集生产、提供、监管于一身，风险相对容易把控。推行 PPP 模式后，社会资本为实现自身收益，可能会隐藏公共服务质量中的风险。

另外，由于运用 PPP 模式提供公共服务所需要的流程较多、时间较多，因而灵活性显得不足。

表 10－2　　政府主导公共服务提供与 PPP 提供公共服务

	政府主导公共服务提供	PPP 提供公共服务
行政效率	较为迅速推进	程序较大、花费时间较长
公共服务质量	相对 PPP 模式提供公共服务而言，质量可能相对低	相对政府主导提供公共服务而言，质量可能相对高
成本		支付 PPP 项目 增加了政府部门的学习、适应成本 实施 PPP 项目成本
风险	债务风险	公共服务质量风险

（三）未来公共服务提供模式的预测：PPP 和政府主导公共服务提供模式并存

由以上分析可以看出，从政府主导公共服务提供模式向 PPP 主导公共服务提供模式转型，是一场不亚于市场化的重大改革，改变了政府主导公共服务提供模式中的收益、成本、风险格局。总地来看，运用 PPP 模式不仅有助于提高公共服务效率，提供数量更多、质量更好的公共服务，也缓解了经济欠发达地区的融资压力。但是，PPP 模式也给地方政府增加了一些成本，比如增加了政府部门的学习、适应成本和实施 PPP 项目成本，且 PPP 项目运行中可能会存在风险。尤其是从政府主导公共服务提供模式，向运用 PPP 模式提供公共服务转型过程中，由于 PPP 模式不完善，政府需要学习、适应这种模式。另外，与 PPP 模式相适应的制度、法律也处于不断完善过程中，部分社会资本、地方政府表现出较高的参与性，但不敢进入。这是向 PPP 模式转型过程中的必然现象。

综合以上分析判断，预计未来一段时间，尽管 PPP 模式是公共服务提供的常态，但 PPP 提供模式与政府主导公共服务提供模式将并存，可能会出现一些情形：（1）部分地方政府运用 PPP 模式主导公共服务提供，而部分地方政府仍采用政府主导公共服务提供模式。（2）在一个地方，部分行业运用 PPP 模式主导公共服务提供，而部分行业仍采用政府主导公共服务提供模式。（3）从政府主导公共服务提供模式向 PPP 模式过渡过程中，因政策、制度不完善，PPP 项目的推进可能面临反复，一些示范的 PPP 项目可能因短期的操作不方便、流程长，而退出 PPP 模式。

需要说明的是，在 PPP 模式没有完全成熟的情况下，政府主导公共服务提供模式会与 PPP 模式并存。即便在 PPP 模式成熟的情况下，政府主导公共服务提供模式也会与 PPP 模式并存。从发达国家推行 PPP 模式的经验看，英国 PPP 项目占比不超过 20%。政府主导公共服务提供模式与 PPP 模式并存也有一定的好处，比如 PPP 项目效果如何，可将政府主导公共服务提供项目作为基准进行比较；政府主导公共服务提供改进的效率、空间、方向，可以将 PPP 项目作为参照系。政府主导公共服务提供模式，行政效率较高，能较快推进项目实施；但也面临公共服务提供效率不高、财政压力较大等问题。所以，政府主导公共服务提供模式与 PPP 模式并存，能充分发挥各自优势。

五、政策建议

今后，PPP 是公共服务提供的常态。在 PPP 模式不断完善过程中，政府主导公共服务提供模式将与 PPP 模式并存。要充分发挥 PPP 模式应有的作用，建议完善以下政策。

一是加快完善 PPP 相关政策。推进 PPP 模式是一项系统工程，需要同步改革与之相适应的制度。因此，加快推进 PPP 模式时，应针对 PPP 模式提供公共服务存在的不完善之处，尽快完善相关政策，增强地方政府、社会资本参与 PPP 项目的动力，形成稳定的预期，充分释放 PPP 模式应有的效应。

二是国家层面需要加大 PPP 模式的推广和督导力度，增强地方政府运用 PPP 模式提供公共服务的动力。从政府主导公共服务提供模式向 PPP 主导公共服务提供模式转型，短期内会给地方政府增加一些成本。尤其是转型过程中与 PPP 模式相适应的制度、法律不完善，地方政府推广 PPP 的积极性有待进一步提高。今后，要提高地方政府推进 PPP 模式的积极性，中央层面应加大推广力度，并加强督导。

三是推广 PPP 模式要注意把握好度。当前，政府主导公共服务提供模式与运用 PPP 模式提供公共服务并存，应在完善 PPP 模式中，加快推进 PPP 模式。在不同领域的 PPP 项目经过示范后，及时发现问题、总结经验，不断完善 PPP 模式。不能一味为追求 PPP 模式发展而一哄而上。

四是注重防范地方政府短期行为。PPP 项目投资大，对经济发展具有明显拉动作用。在推进 PPP 模式过程中，应注意防范地方政府为了上 PPP 项目而不计当期成本和风险的短期行为。

第十一章　未来政府和社会资本合作发展方向

单一 PPP 项目是指，运用 PPP 模式提供一项基础设施和公共服务。总地来看，目前，我国推进的 PPP 项目主要是单一的 PPP 项目。随着我国城镇基础设施建设、运营到了一定阶段，依靠使用者付费、政府付费的单一 PPP 项目，既没有充分发挥社会资本创造盈利模式的能力，又不利于 PPP 项目落地。今后，为顺应经济、社会发展需要，加快 PPP 项目落地，应加强 PPP 发展模式创新，PPP 模式创新的重点在于大力发展综合性 PPP 项目。

一、加快推进政府和社会资本合作项目落地，需要充分发挥社会资本的作用

一是单一的 PPP 项目付费机制没有充分挖掘社会资本创造盈利模式的能力。至今为止，进入财政部 PPP 项目库的项目，基本上是就某一项基础设施或公共服务，运用 PPP 模式提供。可以这么说，目前，推进的 PPP 项目大多数为单一的 PPP 项目。单一的 PPP 项目付费机制主要有使用者付费、政府付费和可行性缺口补助这三种。事实上，除了这三种付费方式，还有其他付费方式，比如社会资本依靠其他领域的盈利，支持公共服务或基础设施的建设、运营。应该来说，目前，使用者付费、政府付费和可行性缺口补助这三种付费方式，没有充分挖掘社会资本创造盈利模式能力。

二是社会资本发起的项目数量不多，不利于充分发挥社会资本的创造力。至今为止，我国社会资本发起的项目数量仍不多，社会资本发起的政府和社会资本合作项目主要集中在市政工程、城镇综合开发、养老、旅游行业。今后，应积极鼓励社会资本发起 PPP 项目，充分发挥社会资本的创造力，为加速 PPP

项目落地创造良好的条件。

二、适应未来经济社会发展需要，应大力发展综合性政府和社会资本合作项目

综合 PPP 项目是指对多项基础设施和公共服务运用 PPP 模式提供，比如一些地方在建设工业园区时，由一家公司负责园区的开发、建设和运营，建设产业园区所需要电、水、道路等设施，并负责招商引资。这就是综合的 PPP 项目。

在现实运作中，社会资本可能会将商业项目设施和公共服务或基础设施捆绑在一起提供，将公共服务或基础设施作为提升商业项目设施价值的一部分进行建设、运营。这样一来，社会资本为了提升商业项目设施价值，有动力建设、运营好公共服务或基础设施。

一是大力发展综合性 PPP 项目符合我国实践。改革开放以来，我国已经在推进 PPP 项目，只不过 PPP 项目运作模式表现为 BOT 等形式。比如我国运用 BOT 方式，建设、运营高速公路等基础设施。与此同时，也出现了类似的综合性 PPP 项目。比如一些地方在建设工业园区时，委托企业开发、建设、运营。企业在开发、建设工业园区时，会把园区所需的道路、水、电、气等基础设施建设好，通过出租、出售工业园区厂房获得回报。这种项目开发、建设、运营，既包括私人产品，又包括公共服务建设、运营，算是一种综合性 PPP 项目。

二是适应未来经济、社会发展需要大力发展综合性 PPP 项目。今后，我国城镇化继续推进，城镇规模越来越大。为适应城市发展需要，建设新城区是各地应对人口城镇化、发展工业的通常做法。至今，很多城市都建设了新区。与此同时，城镇化也出现了新趋势，部分城市退休人员可能会选择到小城镇养老、生活、居住，享受小城镇的绿色青山，预计城市周边的小城镇建设今后大有可为。建设大、中城市的新城区和小城镇，涉及多项基础设施建设、运营，所需资金规模大。应充分发挥社会资本的作用，参与规划、建设、运营，让社会资本找到合理的运作模式。

三是进一步增加社会资本参与 PPP 项目的动力。公共服务涉及公共利益，为了维护公共利益，我国出台了市场准入、公共服务价格等方面的制度、法律规定。在现有的制度、法律规定下，如果让社会资本参与单一的 PPP 项目，可

能面临进入不足问题。比如第十二届全国人民代表大会常务委员会第二十四次会议决定对《中华人民共和国民办教育促进法》进行了修改，规定：“民办学校的举办者可以自主选择设立非营利性或者营利性民办学校。但是，不得设立实施义务教育的营利性民办学校。”按照这一规定，运用 PPP 模式，由社会资本单独提供义务教育，不得设立营利性民办学校，社会资本的积极性可能不高。如果社会资本发起综合性 PPP 项目，将设立实施义务教育的非营利性民办学校，作为发展其他产业的一部分，那么社会资本参与的积极性就会大幅提高。因此，推进 PPP 模式发展，在现行相关法律法规、制度等约束下，应大力创新 PPP 运作模式，加快 PPP 项目落地。

四是推进综合性 PPP 项目也符合政府理性选择。推进综合性 PPP 项目，不仅能增加社会资本参与 PPP 项目的动力，还能降低财政负担，加速 PPP 项目落地。按照财政部《政府和社会资本合作项目财政承受能力论证指引》（财金〔2015〕21 号）的规定，地方政府要科学评估 PPP 项目实施对当前和今后年度财政支出规模的影响，每一年度全部 PPP 项目需要从预算中安排的支出，占一般公共预算支出的比例应当不超过 10%。对经济欠发达地区而言，财政收入规模不大，按照这一规定，可能只能落地一两个 PPP 项目，不利于 PPP 模式推广。因此，要推广 PPP 模式，应加强创新，大力发展综合性 PPP 项目。在综合性 PPP 项目建设、运营中，社会资本依靠项目资源所具有的商业价值进行开发，探索形成盈利模式，这样既不需要政府付费，又能加速项目落地，符合政府利益。对于项目的消费者而言，可以自愿选择消费。

三、综合性政府和社会资本合作项目基本构成要素和运作模式

总地来看，目前实践中推进的综合性 PPP 项目类型很多，比如工业园区、特色小镇建设、运营等。不论是哪种类型的综合性 PPP 项目，其运作要点都包括：

一是公共服务或基础设施的建设和运营。一个项目是否是 PPP 项目，重要的标准就是项目是否包括公共服务，如果不包括公共服务，就不是 PPP 项目。公共服务包括基础设施、教育、医疗卫生、养老、环境治理、市政建设等。

二是重点在于PPP项目运营。即便是政府和社会资本合作提供公共服务，如果仅仅在项目建设阶段进行合作，就不是PPP项目。PPP项目核心在于公共服务项目运营。

三是社会资本跨领域、跨环节回收公共服务建设、运营的收益。与一般的PPP项目比较而言，综合性PPP项目更多依靠社会资本的商业性运营，来支撑公共服务建设、运营，是“交叉补贴”。这是综合性PPP项目与一般PPP项目的重要区别。

四是社会资本注重从项目所有环节和全生命周期入手，提高项目收益，降低成本和风险。PPP项目包括规划、设计、融资、建设、运营、维护、移交等环节。社会资本部分环节参与的PPP项目是指，只参与PPP项目的规划、设计、融资、建设、运营、维护等部分环节；而社会资本全过程参与的PPP项目是指，参与PPP项目全生命周期的所有环节。社会资本为了提高项目收益、降低项目成本和风险，会从项目所有环节、全生命周期出发进行考虑。当然，为实现项目应有的价值，会在一个区域范围内规划区域经济布局及公共服务提供。有时根据需要，会将部分环节分包出去。

五是更加突出政府和社会资本合作“共商、共治、共建、共享”原则推进综合性PPP项目。我们在《政府和社会资本合作（PPP）知识读本》（中国财政经济出版社2017年版）中，提出政府和社会资本合作治理应遵循“共治、共建、共享”原则。在推进综合性PPP项目过程中，由于综合性PPP项目比单一PPP项目更为复杂，因此，应更加突出政府和社会资本合作“共商、共治、共建、共享”原则。尤其是在项目策划阶段，应突出政府和社会资本共商原则。为了让项目落地，政府和社会资本共同商量需要创造什么样的条件。

四、发展综合性政府和社会资本合作项目可能面临的挑战

PPP项目存在市场风险、项目风险、政策风险和行为风险。发展综合性PPP项目除了面临与一般性PPP项目共同的风险之外，可能面临的挑战更多，主要包括：

一是生命周期更长。一般而言，PPP合作具有时间长的特点，许多项目合同

期限不低于10年，一般为20—30年。相对于一般性PPP项目，综合性PPP项目合同期限可能更长。另外，综合性PPP项目涉及多项基础设施和商业项目建设，完成开发、建设至少需要几年时间。

二是投入更大。综合性PPP项目的运作，更多依靠其他领域的盈利，来支撑基础设施或公共服务的建设、运营，这不仅要求投入大量的商业性设施，还需要投入多项公共服务和基础设施。因此，综合性PPP项目投入规模更大。比如特色旅游小镇建设、运营，社会资本可能需要购买上千亩土地，建设旅游相关的酒店、风景点和相关基础设施，投入少则几亿元，多则几十亿元。对经济欠发达地区而言，推进综合性PPP项目时，基础设施不配套、不完善，需要投入更多。

三是对运作能力提出更高的挑战。目前，财政部等相关部门出台了政府和社会资本合作模式操作指南和相关制度、政策，既规范了政府、社会资本和其他参与方开展政府和社会资本合作项目的识别、准备、采购、执行和移交等活动，又方便了政府、社会资本按照相关制度、政策进行操作。但推进综合性PPP项目，对政府、社会资本的项目策划能力提出了更高的挑战和要求，需要政府和社会资本共商规划，共同探讨加快项目落地的条件。

四是项目操作要求更高。综合性PPP项目对政府和社会资本合作提出更多的操作要求，比如新区建设涉及多项基础建设，如何建设、项目如何设计、项目提供的公共服务质量如何等相关内容都不清楚，很难进行招投标，只能依靠竞争性磋商。对社会资本而言，由于项目投入大、周期长、涉及主体较多，如何寻找适合项目本身的盈利模式，也是巨大挑战。尤其是对经济欠发达地区而言，推进综合性PPP项目，面临市场基础不好等现实，要成功实现项目落地，项目操作要求更高。

五是项目风险更大。项目投入大、周期长、操作要求高，加大了项目风险。如果项目操作不成功，不仅公共服务或基础设施难以建设、运营好，而且巨大的投资也难以回收。尤其是项目建设、运营的前期，相关配套设施不完善，项目的商业营利性必然难以完全表现出来，项目前期收益不高。加上投入具有不可逆性，使得综合性PPP项目面临较高的项目风险。

综上所述，与一般性PPP项目而言，综合性PPP项目投入大、周期长、操作要求高、风险更大，一般的社会资本没有能力进入；即便有能力进入，也对社会资本提出了较高的要求。

五、推进综合性政府和社会资本合作项目落地的着力点

综合性 PPP 项目符合未来经济社会发展需要，要加快推进综合性 PPP 项目落地，破解发展中可能面临的困难与挑战。推进综合性 PPP 项目落地需要把握好以下几个着力点。

一是大力加强项目策划和运营能力建设。发展综合性 PPP 项目，需要政府、社会资本共同商量、共同策划，需要社会资本、政府、咨询机构提高项目策划能力，满足综合性 PPP 项目发展需要。尤其是社会资本要加强能力建设，策划出好项目尤为重要。与此同时，需要加强运营能力建设，将策划出来的项目运营好，充分发挥应有的作用。

二是加快完善政策。虽然我国出台了与 PPP 相关的政策，但由于 PPP 是资源配置和国家治理新模式，需要加快建立完善与之相适应的制度和政策。另外，我国出台的 PPP 相关政策，主要是针对单一的 PPP 项目。今后大力推进综合性 PPP 项目，应加快发展与之相适应的政策体系。比如将适宜采用政府和社会资本合作模式的项目和 PPP 示范项目范围，扩大至综合性 PPP 项目，使综合性 PPP 项目能享受相关政策支持。

三是加快完善相关配套环境。综合性 PPP 项目投入大、周期长、操作要求高、项目风险大，完善项目所需的相关配套环境至关重要。加快完善综合性 PPP 项目发展所需的配套环境，包括金融环境、咨询市场、人才队伍建设等。另外，需要地方政府营造良好的环境，为综合性 PPP 项目落地创造良好的条件，比如旧城拆迁、产业进园区。

四是做好综合性 PPP 项目示范，以项目示范带动综合性 PPP 模式推广。今后应针对不同类型和区域，做好典型行业和区域的综合性 PPP 项目示范，比如现代农业产业园、科技产业园、工业园区、特色小镇等。以项目示范，为全国范围内推广综合性 PPP 项目积累经验，探索发展路径，提供经验样本。

五是积极发展多种形式的综合性 PPP 项目。为充分发挥社会资本的积极性，让社会资本发起更多的 PPP 项目、规划出更好的项目，鼓励社会资本结合不同类型 PPP 项目发展需要，探索多样化的 PPP 项目运作形式和运作方式。比如综合性 PPP 项目建设、运营所需要的资金比较多、要求比较高，一般的企业难以满足发展要求，可以采取总承包方式，部分业务可以分包，即“EPC + 综合性

PPP 项目”运作模式。由总承包的社会资本，负责统一规划、设计和产业准入等，部分业务招商，让专业的人干专业的事。可以积极发展股权合作的综合性 PPP 项目，政府以当地土地作价入股，减轻社会资本进入压力。工业园区 PPP 项目，可以由社会资本负责统一建设、招商、运营，政府制定规划、入园所需要的行业要求；社会资本通过建设厂房出租、物业管理等获取收益。

六是将增量综合性 PPP 项目作为推进重点。推进存量综合性 PPP 项目，可能会因现有的利益格局存在，导致推进难度较大、成本太高、花费的时间较多。今后，可将增量综合性 PPP 项目作为推进重点，比如城市新区、工业园区、现代农业产业园区等。

参考文献

1. 刘尚希："PPP 是不亚于市场化改革的一项重大改革"，中国财政科学研究院《财政研究简报》，2016 年第 1 期。

2. 刘尚希、赵福军："提高公共服务共建能力和共享水平"，《前线》，2015 年第 12 期。

3. 刘尚希、赵福军："政府与社会资本合作：公共服务体制机制改革的切入点"，《中国经济时报》，2016 年 1 月 28 日。

4. 刘尚希、陈少强、陈新平、谭静、于雯杰、赵福军："基于治理、资源配置视角对政府特许经营和 PPP 的认识"，《经济研究参考》，2016 年第 15 期。

5. 刘尚希、赵福军、陈少强："政府和社会资本合作治理理论"，中国财政科学研究院《研究报告》，2016 年第 41 期。

6. 刘尚希、赵福军、陈少强："政府和社会资本合作中的风险"，中国财政科学研究院《研究报告》，2016 年第 42 期。

7. 刘尚希、赵福军、陈少强："政府和社会资本合作相关主体的行为研究"，中国财政科学研究院《研究报告》，2016 年第 43 期。

8. 刘尚希、赵福军、陈少强："政府和社会资本合作合同研究"，中国财政科学研究院《研究报告》，2016 年第 44 期。

9. 刘尚希："公共支出范围：分析与界定"，《经济研究》，2002 年第 6 期。

10. 刘尚希：《公共风险视角下的公共财政》，经济科学出版社 2010 年版。

11. 刘尚希、王朝才等：《以共治理念推进 PPP 立法》，中国财政经济出版社 2016 年版。

12. 刘尚希、赵福军：《政府和社会资本合作（PPP）知识读本》，中国财政经济出版社 2017 年版。

13. 刘尚希：《公共风险论》，人民出版社 2018 年版。

14. 赵福军："加快完善与 PPP 模式相适应的政策环境"，《财政科学》，

2016 年第 1 期。

15. 赵福军："运用 PPP 推进'一带一路'建设"，《中国发展观察》，2016 年第 5 期。

16. 赵福军："创新运用 PPP 模式　推进新型城镇化建设"，《中国城市报》，2015 年 5 月 18 日。

17. 赵福军："推进 PPP 实践需要加快完善政策环境"，《中国财经报》，2016 年 1 月 5 日。

18. 赵福军："资产证券化是推进 PPP 模式发展的重要引擎"，《上海证券报》，2016 年 1 月 20 日。

19. 赵福军、黄栋栋、郭巍："完善税收优惠政策　激发 PPP 模式潜力"，《经济日报》，2017 年 5 月 25 日。

20. 李欣："国外法律和政策对 SPV 的规定及启示"，《经济研究参考》，2016 年第 15 期。

21. 樊轶侠："运用 PPP 治理地方政府债务需注意的问题"，《中国发展观察》，2016 年第 5 期。

22. 赵福军、汪海：《中国 PPP 理论与实践》，中国财政经济出版社 2015 年版。

23. 王绍乐、赵福军："财政支出范围决定：以国家理性为视角"，《财政监督》，2013 年第 17 期。

24. 王绍乐、赵福军："正确认识税收政策的作用空间与效力"，《中国经济时报》，2014 年 10 月 9 日。

25. ［美］E. S. 萨瓦斯著：《民营化与 PPP 模式：推动政府和社会资本合作》，周志忍等译，中国人民大学出版社 2015 年版。